기빙

나와 당신의 삶을 풍요롭게 하는

기빙

초판 1쇄 인쇄 2022년 12월 19일
초판 1쇄 발행 2022년 12월 23일

지은이 임미원

발행인 백유미 조영석
발행처 (주)라온아시아
주소 서울특별시 서초구 효령로34길 4, 프린스효령빌딩 5F

등록 2016년 7월 5일 제 2016-000141호
전화 070-7600-8230 **팩스** 070-4754-2473

값 17,000원
ISBN 979-11-6958-018-2 (03190)

GIVING

나와 당신의 삶을 풍요롭게 하는

기빙

임미원 지음

RAON BOOK

프롤로그

나의 축적된 시간과 경험으로 인생을 완성해 가는 삶

나는 음악이라는 한 가지 전공에만 몰두해 열심히 달려온 사람이다. 그러나 너무 한 곳에 치우쳐 폭넓은 지식과 풍부한 경험이 부족했다. 결국 이기적인 욕심으로 온 빈곤함이라는 실패를 맞이했다. 끝이 보이지 않을 것 같은 긴 터널을 지나오면서 많은 깨달음을 얻었고, 현재는 제2의 인생을 새롭게 맞이하고 있다.

얼마 전 홈쇼핑의 원조이자 바이오 건강기능식품 기업인 ㈜휴럼의 김진석 대표님과 개인적인 만남을 가진 적이 있다. 사실 김 대표님과는 한 교회 식구이지만 사적인 만남은 없었다. 글로벌한 회사를 경영하는 분에게 실례인 줄 알면서도 미팅을 요구해 고맙게도 독대할 기회를 얻은 것이었다. 대표님께 나를 중간 평가받고 싶은 마음 때문이었다.

"대표님, 저라는 사람을 살 만한 가치가 있다고 생각하시나요?"라는 질문을 하며 '훅'하고 들어갔더니 약간은 당황스러운 표정을 지었으나 금세 웃으시면서 "아, 그럼요, 충분히 살 만합니다. 인정합니다"라고 답해주었다. 당사자 앞에서 '아니다'라고 하는 게 미안해서 그렇게 말했을 수도 있겠지만 반은 믿고 싶었다.

김 대표님의 조언 중에 내 마음에서 떠나지 않고 크게 자리 잡은 '모죽'에 대한 이야기가 있다. 김 대표님은 본인의 사업 초창기 시절이 '모죽의 시간'이었다고 하면서 설명을 이어 나갔다. 모죽이라는 대나무는 심은 지 5년이 지나도 3센티미터에 불가한 싹만 보이다가 어느 날 갑자기 자라나기 시작해 하루에 80센티미터씩 자라 30미터까지 자라는 특별한 대나무란다. '앞서 5년 동안은 왜 자라지 않았던 것인가?' 하는 의문을 가진 학자들이 땅을 파 보았더니 대나무 뿌리가 땅속에서 사방으로 깊숙하게 자라나고 있었다고 한다.

김 대표님은 지금 '휴럼'이 글로벌한 기업으로 성장하게 된 것은 거듭된 실패, 즉 '모죽의 시간'이 있었기에 거센 태풍과 비바람을 견딜 수 있었다고 말한다. 그 보이지 않았던 결과와 실패의 시간 동안 성장이 멈춘 게 아니라 땅속으로 자라나고 있었던 것이다.

나도 현재의 이 시간이 내 '모죽의 시간'이라고 생각한다. 60대 초반인 나이가 뭔가 시작하기에는 조금 늦었다고 말하는 사람도 있을 것이다. 그러나 인생의 멋진 후반기를 살기 위해 주어진 환경에 감사하면서 거듭 실패하더라도 계속 도전하기로 마음먹고 루틴을 지켜나가고 있다. 50대 후반에 일어난 실패의 경험이 나를 새롭게 만드는 발판이 되었다. 지금은 앞이 환하게 보이지 않는 터널 막바지에 와 있지만, 빛이 보이는 곳을 향해 가고 있다고 믿고 있다.

이 책을 통해 내가 지난 실패에서 얻어낸 값진 깨달음을 많은 이들과 나누고 싶다. 우리는 항상 선택의 기로에 서 있다. 포기할 것인가, 도전할 것인가의 두 갈림길에서 선택해야 한다. 그리고 지금보다 더 나은 내가 되는 길 아니면 지금 이대로의 나로 살아가는 길 중 어느 한 길은 선택해야 한다. 당신은 지금 어느 길을 선택해서 가고 있는가? 더 나은 내가 되기 위한 길을 선택했다면 오래 걸리고 어렵더라도 포기만 하지 말자.

임미원

차 례

2장

일에서 가치를 발견하는 나만의 루트

3장

나는 관계를 길어 올리는 사람

4장

돈은 나누는 마음에서 솟아난다

5장

도전과 공부 그리고 행복 나누기

6장

내일을 열어주는 일곱 가지 마음 찬스

1장

절망의 끝에서 빛을 만나게 해준 것들

GIVING

늘 새로운 날이 시작되었다고 생각했다

사회 새내기, 제법 큰 돈을 벌었다

인생을 실패 없이 사는 사람은 없을 것이다. 누구나 크고 작은 실패를 경험한다. 나 역시 그랬다. 내 경우에는 큰 실패라고 할 수 있을지도 모르겠다. 왜냐면 금전적 손해가 컸기 때문이다. 그 실패 때문에 30여 년간 나를 부르던 '원장 선생님'이라는 호칭이 사라지고, '여사님' 또는 '요양보호사 선생님'이라는 어색한 호칭으로 불리는, 부인하고 싶은 현실을 겪게 되었다.

나는 대학 시절 때부터 피아노 레슨으로 한 우물을 팠다. 대학 졸업 후에는 고등학교에서 배웠던 주산 실력으로 잠깐 주산 학원을 운영해 어려운 가계에 큰 도움을 주기도 했다. 그때 당시 주산 학원이 초등학생을 둔 학부모 사이에서 붐을 일으켰던 때라

제법 돈도 많이 벌었다. 그러나 내가 좋아하는 음악을 가르치지 못하고 있는 게 늘 마음이 편치 않았다. 3년이 지나 드디어 주산 학원을 그만두고 피아노 학원을 개원했다. 좋아하는 일이다 보니 원생들과 더 재미있게 지냈다. 집안 형편도 조금씩 나아지면서 아파트 분양을 받아 이사도 하게 되었다.

우리 가족이 입주한 아파트 단지는 당시만 해도 상가 조성이 미비한 때라 피아노 레슨 문의가 많았다. 시간이 지나면서 상담해오는 학부모와 학생들도 늘어났다. 요즘과 달리 그때는 누구나 피아노를 기본으로 배우는 추세였고, 학부모들 사이에서 입소문도 괜찮았던 터라 레슨 대기자가 있을 만큼 엄청나게 바쁘게 살았다. 식사할 시간도 없어 끼니를 대충 때워가며 일할 정도였고 화장실 갈 시간도 없이 바쁜 나날을 보냈다.

인생의 내리막길을 만나다

그렇게 한 곳에서 결혼 전부터 시작해 결혼 이후에도 계속 30년 가까이 레슨을 하며 살았다. 그러던 중 남편이 다니던 직장을 그만두고 사업을 하기 시작했다. 당시 나는 남편의 사업을 극구 말렸다. 그래도 남편은 강행했고, 결국 내가 남편의 사업을 도와야 하는 상황이 벌어지고 말았다. 내 일도 하랴 남편 일도 도우랴 양쪽 일을 다 하려니 힘에 부쳤다.

그즈음 레슨도 줄어들기 시작했다. 학습 분위기가 예전하고 많이 달라져 피아노를 기본으로 배운다는 생각도 옅어졌고, 학업에 좀 더 치중하는 분위기로 바뀌기 시작했다. 점점 줄어드는 아동 인구도 영향을 주었다. 일도 힘든 데다 학생들도 줄어드니 차라리 정리하는 편이 낫겠다 싶어 피아노 레슨을 접었다.

그렇게 몇 해를 지내다 남편이 사업을 정리할 때 즈음 이번에는 내가 새로운 사업을 시작하게 되었다. 바로 대형 프랜차이즈 어학원 사업을 하게 된 것이다. 마침 남편도 일을 놓았던 때라 둘이 힘을 합쳐 운영하자고 호기롭게 추진했다. 그러나 이 새로운 사업이 내 인생의 내리막길을 가져다주게 되었다. 처음 사업을 벌일 때만 해도 자신감이 있었는데, 막상 어학원을 운영해 보니 내가 하기에는 많이 벅찼다. 어학원을 살려보겠다고 5년 동안 버티다 결국 내려놓게 되었다.

5년 뒤 내게 남은 것은 빚이었다. 당장 빚 때문에 요양원에서 근무하고, 병원에서 간병인 일도 하면서 생활을 이어나갔다. 그렇게 된 나 자신이 얼마나 부끄럽고 창피한지 현실을 부인하고 싶었다. 도망가고 싶은 마음이 커 좌절하고 있을 무렵, 나를 더 부끄럽게 만든 사람을 우연히 알게 되었다. 바로 오스트레일리아의 목사이자 동기부여 연설가이며 지체장애인들을 위한 기관인 '사지 없는 인생'의 대표 닉 부이치치(Nick Vujicic)였다.

나를 부끄럽게 한 남자

내가 그를 처음 보게 된 것은 유튜브 영상에서였다. SBS 예능 프로그램 〈힐링캠프〉의 2013년도 영상이었는데, 당시 그는 첫 외국인 게스트로 출연했다. 닉 부이치치는 태어날 때부터 두 팔과 두 다리 없이 태어나 많은 시련과 고난을 겪었다고 한다. 그러나 그는 자신의 삶을 극복하고 전 세계인들에게 희망을 전하는 사람으로 우뚝 섰다.

그는 자신의 지나온 얘기를 진솔하게 들려주면서 희망을 전해주고자 한국에 왔다고 했다. 녹화 영상에서도 특유의 유머와 여유로 현장의 분위기를 주도했다. 얘기하는 도중 실수를 해 NG를 냈을 때도 멋쩍어하며 탁자 위에 허벅지로 지탱해 서서 뱅글뱅글 돌면서 "다시 할게요"라며 웃는 모습이 어찌 그리 행복해 보이는지 나를 깜짝 놀라게 했다. 그는 "사랑해요", "감사합니다"라며 한국말로 인사를 하고 강연을 시작했다.

"우리는 '다시 행복해질 수 있을까?' 하는 고민에 빠지기도 하고 우울함을 느낄 때도 있어요. 하지만 우리는 매일매일 매 순간을 선택할 수 있어요. 가질 수 없는 것에 화를 낼 것인지, 가지고 있는 것에 감사할 것인지, 저로 빗대어 보면 팔다리가 없다는 것에 대해 화를 낼 수도 있고, 작은 발이나마 갖게 된 것에 대해 감사함을 느낄 수도 있어요"라며 발가락 두 개만 있는 발을 까딱까딱하며 얘기를 이어갔다. "인생은 여정입니다. 좋았던 순간이 있다면 나빠질 순간도 옵니다. 그런데 '남들이 날 어떻게 생각할까?' 걱정하며 미래에 대해 두려워합니다"라고 말하면서 자신의 힘들었던 과거를 고백했다.

그는 열 살 때 삶을 포기하려 했다고 한다. 주위에서 또 자신의 내면에서 조롱하는 말, "너는 못생겼어", "넌 아무것도 못 할 거야", "넌 결혼도 못 할 거야", "넌 직업도 못 구할 거야", "넌 혼자야", "너는 정상인도 아니고 사지가 없는 장애인이잖아", "너는 이상하게 생겼어. 그냥 포기해" 이런 말을 수도 없이 들었지만 결국에는 이겨내고 포기하지 않아 기쁘다고 했다. 그가 "절망 속에서 찾은 제 기쁨을 이제는 여러분께 드리고 싶어요"라고 말하는데 나를 꼭 집어서 말하는 것 같아 마음이 뭉클하고 한없이 부끄러워졌다. 나는 그에 비하면 팔다리가 다 있고, 건강하고, 가진 것이 많다는 사실에 감사하지 못했다.

그는 "사람들은 돈이 많으면, 유명해지면, 학벌이 좋으면 행복해질 거로 생각하지만 그것이 전부가 아니에요. 행복은 밖에서 찾는 게 아니에요"라고 하면서 "여러분의 꿈을, 운명을 찾아야 해요. 우리들의 길은 서로 달라요. 서로를 비교하지 마세요"라고 말했다. 그러고는 뒤이어 "너처럼 예뻤으면, 너처럼 좋은 직업을 가졌으면, 너처럼 재능이 있으면, 이런 건 쓸데없는 아무짝에도 소용없는 말이에요. 당신은 무엇을 가지고 있나요? 저는 팔다리가 없어도 행복을 느낄 수 있어요. 살면서 실패하고 좌절해도 포기하지 마세요" 하고는 자신이 바닥에 넘어지는 퍼포먼스를 보였다. 그는 쓰러져 있는 상태에서 계속 말했다. "넘어지게 되면 어떤 일이 생기죠? 다시 일어나려고 하죠? 만약 백 번 시도했는데 모두 다 실패했다면 제가 실패자인가요? 아닙니다. 당신이 어떤 모습이든 당신은 소중하고 아름답습니다. 휠체어를 타든 아니든, 가난하든 부자든, CEO든 평범하든 당신은 소중해요. 그 누구도 여러분의 가치와 기쁨을 빼앗아 갈 수 없어요. 계속 시도하고 절대, 절대, 절대 포기하지 마세요" 하고는 머리를 바닥에 대고 지렛대 삼아 일어났다.

'저렇게 혼자 일어나기까지 얼마나 많은 실패를 했을까……'

사지가 없는데 혼자 어떻게 일어나나 안타까운 마음에 숨죽여 지켜보았던 나는 닉이 스스로 일어나는 장면을 보고 가슴이 철렁 내려앉았다. 인간에 대한 경외심과 존경심이 내 마음에서 깊이 솟구침을 느꼈다.

인생 후반의 과제

"우리는 실패하고 또 실패합니다. 실패는 교훈을 줍니다. 실패를 통해 무언가를 배우고 강해집니다. 포기만 안 한다면 다시 일어설 기회가 있습니다." 이 모든 이야기가 나의 귓전에 대고 "오직 너를 위한 메시지야"라고 하는 것 같았다. 팔이 없어 사람들을 안아줄 수는 없지만, 마음으로 안아줄 수 있다며 해맑은 미소로 행복을 전달해 주는 그의 조언이 내 인생을 바꾸는 큰 계기가 되었다.

그리고 내가 이 세상에 존재하는 것은 나에게 주어진 사명이 있기 때문이라는 것을 깨닫게 해주었다. 나를, 나의 꿈을, 나의 목표를 이룰 수 있다고 믿고 포기해서는 안 된다는 것과 '나는 귀한 존재'라는 것을 알게 해주는 순간이었다. 누구는 실패에서 큰 성장의 동력을 얻는가 하면 누구는 작고 사소한 실패에도 무너져내려 왜 다시 못 일어나는지에 대해 생각하게 되었다. 일어나는 힘에 대해 생각해 보는 게 내 인생 후반의 과제, 숙제처럼 느껴졌다.

이후 늘 새로운 날이 시작되었다고 생각하고, 새로운 도전을 하며, 새로운 세상을 향해 나아가기 위해 지금의 내 세계관이나 가치관을 파괴하고 새롭게 '리셋'하기로 마음먹었다. 그래야 새로워진 나를 만날 수 있을 것이다. 다시 일어서는 순간은 결코, 순탄하지만은 않겠지만 또한 고통스럽고 힘겨운 과정이겠지만 절망의 이 순간을 이겨내야만 더 나은 내가 될 것이기에 '온 힘을 다해 다시 해보자'라고 스스로 내 어깨를 토닥여주었다.

주위를 돌아볼 때
나누는 마음이 싹텄다

다른 이들을 존엄하게 대하는 마음

실패의 긴 터널을 지나오면서야 깨닫게 되고, 그제야 보이기 시작하는 게 있었다. 바로 소외되고 약한 사람, 가난한 사람들이었다. 부족함이 없고 먹고살 만할 때는 안 보였던 사람들이었다. 예전에는 그들의 고충이 무엇인지, 그들이 바라는 작은 소망이 무엇인지 들을 생각이 없었다. 그러나 바닥으로 내려가 보니 내가 다른 이들을 존엄하게 대하는 마음이 많이 부족했다는 걸 비로소 알게 되었다.

요양원에서 어르신들과 함께 지내면서 죽음도 생각해 보았다. 친정엄마를 천국으로 보내고, 어제까지 이런저런 이야기를 나누었던 어르신이 오늘은 이 세상 사람이 아닌 것을 경험하면서 '좋은 죽음', '행복한 죽음'에 대해 고민하기 시작했다. 죽음은 현실이고 준비가 필요하다는 것을 느꼈다. '좋은 죽음'에 대해 깊이 생각하니 현재를 소중히 여기는 삶을 살아가는 방법과 지금 어떻게 살아야 할지 등 많은 고민을 하게 됐다. 그러다 지금 이 순간을 소중히 여긴다면 나와 남을 더 사랑하며 살아야겠다고 다짐했다.

다시 한번 천천히, '주위를 돌아본다'라는 말에 의미를 생각해 보았다. 그것은 아마도 나누면 배가 된다는 의미가 아니었을까. 수학 공식으로 따져보면 나누면 분명 적어져야 하는데, 나누려는 마음을 먹다 보니 마음이 따뜻해지고 부자가 된 듯했다. 성현(성인과 현인을 아울러 이르는 말)들이 말한 "사랑을 나누면 무엇보다 스스로 좋고 또 기쁨도 배로 커진다"라는 말을 몸소 경험했다.

나눌수록 사랑은 커지고, 슬픔은 작아진다

《성경》에는 나눔으로 인한 기적이 일어난 사건들이 많이 기록되어 있다. 어린아이가 내어준 떡 다섯 개와 물고기 두 마리로 예수가 광야에 모인 5천 명을 배불리 먹이고도 열두 광주리가 남은 '오병이어'의 기적이 바로 그 이야기다. 여기서 얻을 수 있는 교훈은 여러 가지겠지만, 나는 그중에서도 나누는 사랑은 기적을 낳는다는 깊은 뜻을 읽었다. 어린아이가 챙겨온 도시락을 내놓는 나눔이 없었더라면 오병이어의 기적은 일어나지 않았을 것이다.

사랑, 행복, 기쁨 등은 나누면 나눌수록 커지고, 슬픔과 고통은 나누면 작아진다. 오늘날과 같은 각박한 세상에 절실하게 필요한 것이 나눔이지 않을까?

나는 부모님으로부터 '보조개'라는 큰 선물을 받고 태어났다. 젊었을 때는 이 보조개가 나에게 그다지 큰 의미가 있는지조차 모르고 살아왔다. '젊음' 그 자체가 아름다워서 그런지 모르겠다. 하지만 이 보조개가 많은 사람에게 나라는 사람을 좋은 의미로 각인시킨다는 것을 점점 실감하며 살고 있다. 어떤 이들은 조금 과장되게 표현해서, 내 보조개를 보면 긍정의 기운이 느껴져 기분이 좋다고까지 해주니, 나에게 '보조개'는 나 자신에게 에너지와 희망을 샘솟게 하는 샘물 같다.

어르신 주간 센터에서 근무할 때의 일이다. 아침에 오는 어르신들께 인사를 드리는 날이면 어르신들은 나에게 '보조개 선생'이 반겨주니 훨씬 좋다고 하셨다. 하루는 센터에서 필요로 하는 급한 물건이 있어서 그 물건을 구매해 가느라 출근 시간이 늦어진 적이 있다. 센터에 도착하니 직원들이 약간의 시샘이 섞인 말로 어르신들이 하나같이 이렇게 물었다는 소리를 전해주었다. "임 선생님은 왜 안 보여요?", "임 선생님, 이제 안 나오시나요?" 라고 말이다. 나의 보조개 섞인 웃음이 이리도 큰 에너지를 드렸다는 사실을 알게 된 사건이었다. 그래서 늦은 출근 인사를 한 분씩 한 분씩 찾아가 손을 잡아 드리면서 다시 나누었던 기억이 있다. 물론 나에게 장착된 보조개를 덤으로 가져가서 말이다.

아마 '보조개' 하나 때문에 어르신들이 나를 기다렸던 것은 아닐 것이다. 그저 아침에 보여주는 웃음 한 자락, 미소 한 움큼, 오늘도 안녕히 주무셨느냐고 전하는 밝은 인사를 고맙게 받아주신 덕이라고 생각한다. 내가 가진 것은 정말 사소하고 하찮은 것이었으나, 그것이 어르신들에게 작은 반가움을 주었다고 생각하니, 세상에 나눌 것이 이렇게나 많다고 생각하지 않을 수 없었다. 그리고 더 중요한 것은 나의 작은 미소를 나누자 더 큰 기쁨과 즐거움으로 돌아왔으니 이 얼마나 값진 일인가.

이 국 솥을 끓게 합시다

나에게는 한 해를 돌아보게 하는 몇 가지가 있다. 그중 하나가 12월이 되면 번화한 거리에 등장하는 구세군 자선냄비다.

자선냄비의 유래는 1891년 미국에서 시작되었다고 한다. 당시 샌프란시스코 근교 해안에는 빈민과 함께 좌초된 배로 인해 1천여 명의 난민이 생겨났는데, 이들을 위해 모금 활동을 하던 중에 구세군의 한 여사관이 커다란 쇠솥을 거리에 내놓고 '이 국 솥을 끓게 합시다'라는 문구로 기금을 모은 것이 시초였다.

이후 이 활동은 붉은색의 냄비 걸이와 냄비 모양의 모금함, 제복을 입은 구세군 사관이 흔드는 종소리로 상징화되어 전 세계로 퍼져나갔고, 이후 매년 성탄이 가까워지면 시행되는 이웃 사랑을 위한 모금 운동으로 자리 잡았다. 한국에서는 1928년 12월, 당시 한국 구세군 사령관이었던 박준섭 사관이 서울 도심에 자선냄비를 설치하고 불우이웃돕기를 시작했다고 한다.(온라인이슈팀, "구세군 자선냄비 시종식, 자선냄비의 유래는? '1891년 미국에서 시작…'", 〈조선비즈〉, 2015. 12. 7.)

나는 이 자선냄비를 볼 때마다 생각한다. '딸랑딸랑' 울리는 자선냄비의 종소리를 타고 그 나눔의 마음이 세상을 풍요롭게 만들 거라고. 1년에 한 번 자선의 손길을 내미는 사람도 있겠지만 그런 작은 마음도 희망이 된다.

지나간 달력을 만드는 이유

한 해를 돌아보게 하는 또 다른 하나는 '지난 달력 만들기'다. 몇 해 전에 《행복하기를 두려워 말아요》(샨티, 2015)의 저자이며, 미술치료사인 정은혜 작가가 한 해를 마무리하고 싶은 이들에게 들려주고자 하는 내용이 담긴 기사를 읽은 적이 있다. 지난 열두 달을 돌아보며 매월 핵심 키워드를 뽑아 지나간 달력을 그려보자는 내용이었다. "이런 작업이 정말 효과가 있나요?"라는 기자의 질문에 그녀는 “내가 해보고 좋아서 권하고 있어요. 해보면 알 거예요. 이 작업은 ‘불행하지는 않지만 행복하지도 않은 사람들’을 위한 작업이에요”라고 말했다.

그녀는 미국에서 미술치료를 전공하고 정신병원에서 일하던 중 열렬한 지지를 해주던 아버지가 돌아가셨다고 한다. 그 충격으로 다시 미술치료 일을 할 수 없을 것 같은 절망에 빠져있을 때 그 한 해를 어떻게 마무리하고 받아들여야 할지 지난 달력을 한 장 한 장 넘기면서 그림을 그렸다고 한다. 지난 달력을 만들면서 ‘1월에는 대청소를 했지’, ‘7월에는 상상도 하지 않았던 아버지가 돌아가신 일이 있었지’, ‘10월에는 바다에 갔었네’ 등 지난 시간을 떠올리며 당시의 감정을 그림으로 정리했다. 달력을 만들다 보니 너무 소중한 시간이었음을 느꼈고, 고민했던 죽음도 삶의 일부라는 생각이 들어 힘들었던 시기에 너무 도움이 됐다고 한다.

그녀는 지난날을 되돌아보면서 스스로에게 다음과 같은 질문을 던져 보라고 권한다.

- 올해 무엇을 배웠나?
- 무엇을 미루었나?
- 누구를 용서하지 못했나?
- 내 삶이나 일에 열정을 가지고 있었나?

- 내가 올해 한 일 중에 가장 자랑스러웠던 일은 무엇인가?
- 새해 계획했던 일을 이루었나?
- 올해 어디에 돈을 가장 많이 썼나?
- 무엇을 시도하고 실패했나?
- 올해 있었던 일 중 한 가지를 바꿀 수 있다면 무엇을 바꿀까?
- 올해 가장 잘했다고 생각되는 일은 무엇인가?

이런 질문들을 나에게 하면서 올해 썼던 다이어리나 메모를 살펴보며 매달 있었던 일을 정리해 보는 것이다. 거창하게 그림을 꼭 그려야 하는 것은 아니지만 나는 그림 그리는 것에 부담을 느끼기에 주로 글로 혹은 마음으로 정리를 한다. 하지만 그녀는 "그림은 말보다 훨씬 가슴에 가까운 언어이기 때문에 그림으로 그리면 그 일이 일어났을 때의 느낌, 온도 등을 떠올리게 된다"라며 그림으로 표현할 것을 적극 권했다. 그리고 이렇게 지나온 한 해의 흐름을 파악해 돌아보았다면, 내년 1월 달력 그림도 미리 그려 '내 삶을 어떻게 만들어 갈까'를 계획해 보는 데까지 마무리할 것을 당부했다.

한 해를 돌아보는 나만의 시간을 가지면 바닥을 치고 올라오는 나의 슬픔이 수면 위로 올라와 사라지고, 어두운 터널도 사라져 삶의 의미를 찾을 수도 있을 것이다. 삶의 의미를 알면 나눔의 의미도 깨닫게 된다. 내 경우가 그랬다. 나의 작은 것 하나가 남에게 기쁨이 되고 내가 하는 행동이 어느 누군가에게 힘이 된다는 사실을 알게 됐다. 분명히 베풀고 준 것은 나인데 왜 내가 오히려 특별하고 뭐라고 표현하기 어려운 기쁨의 감정을 느끼게 되는 것일까? 이 감정은 무얼까? 그것은 아마도 내 맘속 깊은 곳에 인간의 본능인 '우리'라는 공동체 의식이 있기 때문일 것이다. 혁신적인 제품은 세상을 풍요롭게 만들지만, 남을 위한 이타심은 세상을 아름답게 만들 수 있다고 믿는다.

마음을
'이노센트'에 걸기

빈곤함이 준 감사의 고백

이노센트(Innocent)는 '아무 잘못이 없는, 결백한, 무고한'을 의미한다. 나는 일상을 살면서 한 가지 다짐을 한 적이 있는데, 바로 내 마음을 '이노센트'에 걸겠다는 것이다. 이 다짐은 곧 순수함으로 돌아가겠다는 의미다. 실패의 긴 터널을 지나오면서 나는 돈으로는 살 수 없는 깨달음을 얻었다. 지금 어떤 상황이든, 어디에 있든, 지금 내게 있는 것에 감사하는 것이다. 어려운 상황에 부딪히거나 나에게 넉넉함이 없어도 그것이 나에게 유익이 되는 일로 바뀔 거라고 믿으며 감사하는 마음을 배웠다.

요양원과 병원에서 일하면서 내가 받은 축복이 얼마나 많은지 감사가 절로 나왔다. '걸을 수 있는 두 다리가 있어 감사합니다. 세수를 할 수 있는 두 손이 있어 감사합니다. 내 손으로 밥을 먹을 수 있어 감사합니다. 숨을 쉴 수 있어 감사합니다. 다른 사람의 도움 없이 누웠다 일어날 수 있어 감사합니다. 말을 할 수 있어 감사합니다. 음식을 삼킬 수 있어 감사합니다. 어제 일을 기억할 수 있어 감사합니다. 편히 쉴 집이 있어 감사합니다…….'

나에게 없는 것보다 있는 것이 훨씬 많음을 감사했다. 감사의 고백을 하니 불평과 화를 조금 덜 내게 되는 나를 발견했다. 그동안 감사할 줄 모르고 살았기에 나에게 빈곤함이 찾아온 게 아닌가 싶다. 나에게 닥쳐온 고난과 어려운 환경이 오히려 나를 강하고 담대하게 변화시켜 세상을 이롭게 하는 데 기여하고 싶은 간절함을 느끼게 했다. '뿌린 대로 거둔다', '베푼 만큼 돌려받는다' 등 이런 말들을 많이 들어왔다. 감사하는 마음은 이런 말들을 증명해 내고 있다.

감사도 훈련으로 나온다

유대인의 우수성은 전 세계에 정평이 나 있다. 나 역시 유대인을 높이 평가한다. 유대인이 세계적으로 정치, 경제, 사회에서 큰 영향력을 행사하고 있다는 것을 부인할 사람은 없을 것이다. 이러한 현 상황을 보면서 좀 더 깊이 유대인이 세계를 흔들만한 인재를 많이 배출하는 이유가 무엇인지에 대해 연구한 임지은 작가는《부모라면 놓쳐서는 안 될 유대인 교육법》(미디어숲, 2020)에서 그들의 가장 큰 특징으로 '감사 훈련'을 꼽고 있다. 임 저자는 방대한 유대인의 자료를 샅샅이 찾아보고, 수많은 유대인을 직접 발로 뛰어다니며 만나서 이야기를 듣는 가운데 유대인들의 훌륭한 교육법은 감사와 깊은 연관이 있음을 알게 되었다고 한다.

저자에 따르면 유대인들은 아침에 눈을 뜨면 감사 기도부터 한다고 한다. 또한 "감사는 현재에 대한 만족감과 미래에 대한 낙관성을 기르게 하는 것"이며 "어떠한 시련과 역경 속에서 어려움이 닥친다 해도 결국은 헤쳐나갈 수 있는 힘을 제공하는 것"이라고 말한다.

유대인들은 자녀들에게 항상 감사하는 마음을 잊지 않게 하려고 아침에 눈 뜨자마자 새로운 날을 맞이하게 됨에 감사하는 기도문을 외우게 한다. 매 식사때마다 감사 기도는 기본이며, 일상에서도 늘 감사하는 훈련을 한다. 이렇게 유대인들은 감사를 토대로 추운 겨울이 지나면 반드시 봄이 온다는 낙관주의를 아이들에게 심어준다고 한다. 아무리 혹독한 추운 겨울이라도 그 이후의 밝은 미래를 꿈꾸는 마음의 힘을 가질 수 있는 것은 그들이 쌓아온 '감사하는 마음'의 저력이라고 한다.

우리는 보통 아침부터 저녁까지의 시간을 하루라고 생각하지만, 유대인은 정반대로 해가 지는 순간부터 하루가 시작된다고 본다. 밝게 시작해서 어둡게 끝나는 것보다 어둡게 시작해서 밝게 끝내는 것이 훨씬 더 낫다는 유대인의 낙관주의에서 오는 사고방식이라고 한다.

이같이 감사하는 생활은 훈련으로도 가능하다. 나는 감사하는 습관을 지속하려고 매일 감사한 일을 간단히 메모한다. 한 개라도 괜찮다. 저녁에도 잠들기 전에 '감사합니다'를 수백 번 되뇌면서 잠든다. 우리의 일상은 많이 생각하고, 많이 말하고, 집중해 있는 것에 많은 영향을 받는다. 좋은 생각을 많이 하고, 감사하는 말을 많이 하고, 이에 집중해 있으면 좋은 일이 내 주변에 따라오는 것을 나 또한 많이 느끼고 있다.

더 유익한 일이 있을 거야

《탈무드》에는 존경받는 랍비 '아키바'에 대한 이야기가 나온다. 어느 날 아키바가 먼 길을 여행하게 되었다. 먼 길을 타고 갈 나귀와 유대 경전인 《토라》, 책을 보기 위한 등잔과 시간을 알리는 수탉을 가지고 출발했다. 여행 도중 날이 저물어 한 마을에 방문해 "하룻밤 좀 잘 수 있을까요?"라고 부탁했지만, 마을 사람 모두가 거절했다고 한다. 언제나 감사하는 게 몸에 밴 아키바는 속으로 '모든 것을 좋게 하시는 하나님이 내가 집 안에서 자는 것보다 노숙하는 경우에 더 유익하게 하실 거야' 이렇게 감사하면서 마을 모퉁이에 천막을 치고 잠을 청했다.

그러나 길에서 노숙하려니 잠이 오질 않아 《토라》를 읽으려고 등불을 켰는데, 갑자기 바람이 불어 등불이 꺼지고 말았다. 그는 '불을 켜고 《토라》를 읽는 것보다 불을 끄고 자는 것이 하나님이 더 유익하게 하실 거야' 하고 감사했다. 다시 잠을 청하며 누우려 하자 이번에는 여우의 울부짖는 소리에 나귀가 놀라 멀리 도망을 쳐 버렸다. 나귀가 도망치는 바람에 수탉도 놀라 멀리 날아가 버렸다. 이쯤 되면 불평이 나올 법도 한데 그는 '나귀와 수탉이 내게 있는 것보다 없는 것이 더 유익하니 이런 일이 일어난 것이겠지'라고 감사했다. 그에게 남은 것이라고는 《토라》밖에 없었다. 그러나 그는 '하나님이 더 유익하게 해주실 거야' 하고 다시 감사했다.

이튿날 아침이 밝아 그는 짐을 챙겨 마을로 들어갔다. 그런데 전날 밤 도적 떼가 습격해 물건을 약탈해 마을은 쑥대밭이 되었고 사람들은 모두 죽임을 당하는 끔찍한 일이 일어난 것이다. 만일 이 마을에서 잤다면 그도 죽었을 것이고, 만약 등잔을 켜고 《토라》를 읽었다면 도적에게 발견되어 죽었을 것이다. 만약 나귀와 수탉이 있었다면 소리치고 울어대는 통에 위치가 발각되어 죽임을 당했을 것이다.

아키바의 일화는 다소 과장된 일의 연속이지만, 이 이야기가 전하는 메시지는 분명하다. 어떤 상황에서도 감사하는 마음을 잃지 않고 긍정적으로 상황을 받아들인다면 그것이 나의 복으로 돌아온다는 것이다. 만일 아키바에게 일어난 상황이 나에게 닥쳐왔더라면 과연 나는 그 현실에 감사할 수 있었을까? 그러나 아키바는 감사함을 잃지 않았고, 결국 큰 화를 면하는 복을 받았다. 감사하는 삶이 풍요로움을 가져다준다는 것은 언제나 옳다.

감사를 나누면 기적이 일어난다

얼마 전에 나는 감사를 나눔으로써 기적이 일어난다는 김남용 저자의 《감사 나눔의 기적》(비전북, 2021)을 통해 '감사 나눔의 실천'을 배웠다. 감사 나눔이란 감사 내용을 적은 대상에게 소리를 내어 읽어주는 것을 말한다. 나는 그동안 감사 내용을 쓰고 마음속으로만 감사하는 데 그쳤다. 하지만 감사 나눔은 상대방에게 읽어주는 행위까지 이어진다. 이는 감사를 소리 내어 읽어줄 때 그 효과가 2배에서 3배로 커지는 등 행복함이 갑절로 커지는 기적을 체험할 수 있기 때문이다.

심리상담전문가이기도 한 김남용 저자는 감사 나눔을 통해 문제를 해결하고 극복한 수많은 사례를 책에서 소개했다. 저자에겐 몸이 불편한 딸이 있는데, 감사 나눔을 통해 부부관계와 부모 자녀 관계에 있던 갈등을 해결해 행복한 가정이 되었다고 한다. 또한 직장에서 감사 나눔으로 이직률을 낮추고 환자의 치료에도 도움이 되어 병원 문화의 혁신을 일으켰다고 한다.

저자는 내담자와 상담할 때 감사 나눔을 권하면 문제 해결의 효과가 극대화된다고 밝히고 있다. 그러면서 감사 고수가 될 수 있는 훈련법을 소개한다. 저자가 권하는 단계적 감사의 훈련법은 '감사 7진법'이다. 이 훈련법은 《감사진법》(좋은생각, 2011)의 저자인 강충원 선생님이 창시한 것이라고 소개하는데 이 방법론이 너무 감명 깊고 좋아 여기서 소개한다.

감사 1진법: 무조건 감사한다. 예상하지 못한 일에도 무조건 감사한다.

감사 2진법: 소리 내어 감사한다. 내 귀가 반응하도록 소리 내어 감사한다. 소리 내어 감사할 경우 가장 먼저 내가 듣는다. 내 귀에 들어온 감사의 말은 나의 불평불만을 약화한다.

감사 3진법: 꼬집어 감사한다. 감사의 마음을 빼앗아가는 조건까지도 구체적으로 지적해 꼬집어 감사한다.

감사 4진법: 마음 가득히 차고 넘치게 감사한다. 자신의 한계를 뛰어넘어 감사의 마음이 넘치도록 가득히 감사한다.

감사 5진법: 즉시 감사한다. 늦으면 감사의 마음이 식을뿐더러 다시 하기 어려우니 즉시 감사한다.

감사 6진법: 모든 면에 감사한다. '무엇이든 감사할 수 있지만, 이것 하나만큼은 안될 것 같아' 하는 그것까지 예외는 없으니 모든 것에 감사한다.

감사 7진법: '감감축'한다. 상대에게 상처를 입었어도 감사하고, 감사하고 축복한다.

나는 이 감사 7진법을 소개받고 마음의 찔림을 받았다. 나에게 상처를 준 사람을 미워하지는 않았지만, 내심 서운한 마음은 가지고 있었다. 그런 사람까지도 감사하고 축복하라는 권유에 어떻게 감사의 글을 써 내려갈지 고민하게 되었다.

바다가 갈라지고, 하늘에서 먹을 것이 떨어지는 것만이 기적이 아니다. 감사할 조건을 찾을 수 없을지라도 감사하는 것이 기적일 것이다. 감사가 습관이 되기까지는 최소 100일의 시간 투자가 필요하다고 한다. 습관이 바뀌기 위해서는 뇌의 인식이 바뀌어야 하고 뇌의 인식을 바꾸기 위해서는 세포 하나하나에 저장된 기억들이 바뀌는 시간이 필요한 것이다. 우리 모두 시간을 투자해 기적을 만들어 보는 것이 어떨까.

2장

일에서 가치를 발견하는 나만의 루트

GIVING

매 순간 자부심과 자신감을 기억한다

내가 하는 일에 자부심을 느끼고 있나

어느 행인이 길을 걷다 땡볕에서 벽돌을 쌓고 있는 세 명의 벽돌공에게 물었다. "당신은 지금 무슨 일을 하고 있습니까?" 첫 번째 벽돌공은 "벽돌을 쌓고 있어요"라고 대답했고, 두 번째 벽돌공은 "시간당 9달러 30센트짜리 일을 하고 있어요"라고 대답했다. 하지만 세 번째 벽돌공의 대답은 남달랐다. "나는 지금 세계 최대의 성당을 짓고 있어요."

이 이야기는 데이비드 슈워츠(David J. Schwartz)의 《크게 생각할수록 크게 이룬다》(나라, 2022)에 쓰여진 내용이다. 이 세 사람의 미래는 어떻게 변했을까? 만약 나에게 이런 질문을 했더라면 어떤 대답을 했을까 생각해 보았다. 일당을 받기 위해 벽돌을 쌓아가며 하루를 살아나가는 벽돌공일지라도 하는 일의 의미와 가치를 생각하는 것의 차이는 참으로 크다.

세 번째 벽돌공은 '나를 통해 세계 최대의 성당이 지어지고 있다'라는 자부심이 있기에 벽돌 한 장 한 장 쌓는 일이 노동만은 아니었을 것이다. 자신이 지은 성당에서 사람들이 감명받게 될 것이라는 생각을 하며 헌신과 열정을 다했을 것이다. 나는 가끔 풍족한 시대를 살아가는 현대인들이 무언가 채워지지 않는 것을 찾기 위해 갈망하고 있는 것처럼 느껴질 때가 있다. 그 무엇은 바로 '삶의 의미와 가치'이지 않을까?

한 우물만 파는 시대는 갔다

수명이 장기적으로 증가하는 시대에 사는 우리 대부분은 조부모 시대보다 훨씬 더 오랫동안 일해야 할 것이다. 그러나 기업의 수명은 세상의 급변함에 따라 상대적으로 짧아지고 있다. 20대에 일하기 시작해 60세쯤 은퇴하던 시대에 살아온 나는 '오직 한 길, 한 우물만 파는 식의 일'만 해왔다. 급속도로 변하는 세상을 피부로 느끼지 못한 탓에 이런 가치관을 가지고 계속 일해왔던 것이 참 아쉽다. 전공 하나로 평생 벌어 먹고사는 시대는 끝났다. 내가 가진 기술과 지식이 도태되지 않게 그리고 빠르게 쏟아지는 신기술을 자신의 업무에 적용하기 위해서는 공부하는 자세가 필요하다.

"어느 대학 출신이세요?", "전공이 뭐에요?" 요즘 이런 질문을 하는 사람은 꼰대일 수 있다. 이런 질문은 크게 의미가 없어진 시대이기 때문이다. 기업의 수명이 짧아진 시대에 걸맞지 않게 내가 하는 일만 고집하고 '오직 한 길'만 열심히 하다가는 놓치는 게 많을 수 있다.

나는 조금 늦은 감이 있지만, 본업을 구분 짓지 않고 과감하게 새로운 경력을 시작하는 일에 도전해 가는 중이다. 성공한 사람들의 사례를 하나씩 따라 하다 보면, 자신의 내면에서 나도 모르던 새로운 에너지가 용솟음치는 것을 경험하게 될 것이다. 기회는 도전하는 사람에게만 오는 법이니까.

내 마음의 선글라스는 무슨 색인가

세상은 내가 보는 기준으로만 보게 된다. 어떤 색의 선글라스로 보느냐에 따라 밝고 따뜻하게 보일 수 있고 어둡고 차갑게 보일 수 있다. 또한 어떤 마음으로 사고하느냐에 따라 마음의 선글라스 색이 달라진다. 내가 하는 일을 바라보는 내 마음의 선글라스는 무슨 색인지 생각해 보자. 긍정적인 색인지, 부정적인 색인지 진단해 보기를 바란다.

일은 단순히 돈을 벌기 위한 생계 수단이 아니고 그 이상으로 자신의 존재 가치를 발휘하는 수단이다. 얼마 전 50대 중반 초등학교 여선생님과 대화를 한 적이 있다. 그녀는 힘없는 목소리로 말했다. "퇴직할까 고민하고 있어요. 요즘 애들은 젊고 예쁜 선생님을 좋아해요. 학부모들도 우리 같은 선생님을 별로 환대하지 않아요." 그러면서 어느 날부턴가 아이들이 자기를 반기질 않는다고 느껴 우울한 감정이 생기기 시작했다고 말했다.

나는 "그렇게 생각하지 마세요. 일할 수 있는 터전이 있다는 게 얼마나 행복한 일인데요" 하며 말렸다. 그녀는 이어 고민거리를 더 꺼냈다. 주변 시선이 따갑게 느껴지고, '돈이 궁하니까 나이 들어서도 꾸역꾸역 나오는 거겠지'라고 말하는 눈빛이란다. 그런 시선에 창피함을 느낀다고 했다.

나는 마음이 아프고 안타까웠다. 그녀가 그렇게 생각하는 이유를 쉽게 짐작할 수 있었기 때문이다. "그런 마음은 누가 가져다 준 것이 아니고 내가 만들어 낸 마음이에요. 왜 스스로 자존감을 낮추세요?" 내가 이렇게 되묻자 그녀는 순간 멈칫하는 듯했다.

"나이 들었다고 회피하지 말고 지금보다 좀 더 열정을 가지고 일을 해보세요. 그러면 자신감을 얻을 수 있을 거예요. 저도 예전에는 솔직히 젊은이들 앞에서는 주눅 들었던 게 사실이에요. 세상이 너무도 빠르게 변하니까 따라가기가 버겁잖아요. 그렇다고 손 놓고 있다가는 회의감을 느끼는 때가 올 수 있어요."

이어서 나는 전에 패스트푸드점에 갔다가 낙담했던 일화를 이야기해 주었다. "햄버거를 먹으러 점심에 매장에 들어갔어요. 그런데 키오스크 주문을 여러 번 실패하다가, 결국엔 못해서 포기하고 나와버렸어요. 한 번도 안 해본 거라 혼자서 하려다가 얼굴이 화끈거려 그냥 살그머니 매장 밖으로 나왔어요. 그런 나 자신이 얼마나 안쓰럽고 불쌍한지.

그런데 갑자기 이런 하찮은 생각이 나를 초라하게 만드는 거라는 생각에 약간 오기가 발동하더라고요. 그래서 그 이후로 젊은이들이 하는 것들을 알고나 있자 하는 마음으로 이것저것 배워보는 중입니다. 그런데 트렌드에 따라 배우고 실행해 보니까 젊은이들이 나를 보는 시선이 달라지는 걸 느꼈어요. 옛것만 고집하지 말고 새것도 배우고 적절히 좋은 것을 선택해서 내 것으로 만들어 나가는 것을 한번 생각해 보길 추천해요. 분명 다음 날부터 마음가짐이 달라질 거예요."

우리가 일하는 것이 곧 남을 위한 일이다

우리의 눈은 일의 본질에서 멀어지는 순간 삶의 의미를 찾기 힘들다. 우리가 일하는 것은 결국은 남을 이롭게 하는 일이다. 요식업을 하는 사람은 맛있는 음식을 제공해 주는 것으로 고객을 즐겁게 하고, 교사는 열심히 가르치는 것으로 학생들에게 지식을 전달한다. 구두 수선공은 구두를 빛이 날 정도로 깨끗하게 닦아줌으로써 고객의 발걸음을 상큼하게 만들고, 회계사는 자산 관리 및 재무제표를 꼼꼼하게 챙겨줌으로써 기업이 원활히 잘 돌아가게 해준다.

어떤 일에 종사하든 우리의 일은 곧 남을 이롭게 한다는 점만 잊지 않는다면 일에서 가치를 찾고 의미를 발견할 수 있다. 다시 말해 자존감과 자부심을 느끼는 일은 그리 어렵지 않다. 그러기에 나는 일의 본질을 바라보는 마음의 눈을 가지고 당당하게 일을 한다. 내가 하는 일은 분명 남을 이롭게 하니까.

나만을 위한 일은 즐겁지 않다

1980~2000년대 출생한 세대를 MZ 세대라고 부른다. 2022년 4월, 대한상공회의소는 'MZ 세대가 바라보는 ESG(환경, 사회, 지배구조) 경영과 기업 인식'에 대한 설문조사를 했다. MZ 세대 380명을 대상으로 한 설문조사에서 응답자의 64.5퍼센트는 'ESG를 실천하는 착한 기업의 제품이 더 비싸더라도 구매할 의사가 있다'라고 했다.

이 자료를 볼 때 주요 소비층으로 떠오르는 MZ 세대가 제품을 구매할 때 자신의 신념에 의해 결정한다는 것을 엿볼 수 있다. 이제 소비자들의 의식이 변화했고, 기업에 대한 사회 공헌이나 투명성, 윤리경영에 관심이 높아졌다. 그저 가성비가 좋으면서 품질 좋은 물건을 파는 시대는 끝난 것이다.

나는 내 생각의 프레임에 갇혀있었을 때는 이런 광경의 것들이 이해가 안 갔었다. 특별하게 맛이 있는 것도 아니고 가성비 좋은 제품도 아닌데 그 제품을 사기 위해 두세 시간씩 줄 서서 기다려 구매하는 사람들 말이다. 그런 그들이 궁금해서 트렌드에 관련된 책을 읽었다. 그러면서 조금씩 알아가고 있다. 그들은 배가 고파서, 엄청나게 맛이 있어서 구매하는 것이 아니다. 기업의 가치를 사거나 스토리, 분위기, 재미를 구매하는 것이다. 그리고 이를 사회적 가치 실현에 동참하는 것으로 생각한다.

평생직장을 보장받는 시대는 저물었다. 대기업에 취업했더라도 나만의 브랜드, 즉 특기와 장점이 없으면 미래가 보장되지 않는 시대다. 그래서 나 역시 퍼스널 브랜딩을 구축해 나가려고 무던히 애쓰고 있다.

근래에 나를 오래전부터 알고 지내온 지인이 내가 활발히 영상을 올리고 있는 유튜브 채널을 보더니 내게 이런 말을 했다. "왜 진작 이렇게 안 살았어요?" 너무 뜬금없는 말이라 의미를 물었다. "네? 그게 무슨 말씀이세요?" 그는 이렇게 대답했다. "에너지가 넘치고 생기 있어 보여서 젊게 사는 모습이 너무 부러워요. 왜 진작에 이렇게 살지 않았는지 궁금해요."

이 말을 듣고 내 브랜드를 구축하는 데 있어서 갱년기를 신나게 사는 이미지의 반은 성공한 것으로 나 자신에게 박수를 보냈다. 나는 물건을 팔지 않는다. 나를 팔고 있다. AI가 대체하지 못하는 존재로, 나 자신을 필요하고 살 수밖에 없는 사람으로 성장시키기 위해 노력하고 있다.

이 과정의 핵심 중 하나는 일이 즐거워야 한다는 것이다. 나와 내 가족만을 위한 일은 즐겁지 않다. 나는 시니어들이 제2의 인생을 신나게 살 수 있도록 코칭하고 돕고 싶다. 그리고 이왕이면 가치 있고 의미 있게 일하고 싶다. 그것이 나를 신나는 마음으로 일하게 할 테니까.

내가 싫어하는 일은 상대방도 싫어한다

결국은 나를 위한 것

어느 날, 공자의 제자가 공자에게 '평생 실천하며 살아야 할 말 한마디'를 들려달라고 물었다. 이에 공자는 "기소불욕물시어인(己所不欲勿施於人, 내가 하기 싫어하는 일을 남에게 요구하지 말라)"이라고 말했다.

이 말은 이 말은 곧 내가 하기 싫어하는 일은 다른 사람도 싫어한다는 의미이자 내가 좋아하는 일은 다른 사람도 좋아한다는 말이다. 나는 공자와 제자의 이 일화를 들으면서 내가 하기 싫어하는 일을 만약 스스로 한다면 다른 사람에게 도움이 될 것이고 그 일은 결국 나 자신에게 큰 도움으로 돌아올 수 있으리라 생각하게 되었다.

세상에는 누군가가 꼭 해야 할 일이 존재하기 마련이다. 언젠가 해야 할 일이라면 지금 '스스로' 하고, 누군가 해야 할 일이라면 '나 자신이 먼저' 하고, 어차피 해야 할 일이라면 '후회 없이 최선을 다하는 것'이 다른 사람은 물론이요, 결국은 나를 위한 것이 된다는 것을 그간의 여러 경험에서 알게 되었기 때문이다. 남을 위한 일은 덕을 쌓는 일이고, 그 덕은 곧 나의 성장과 성공의 기회가 될 것이다. 그리고 이런 점이 쌓이면 일에서도, 사람 관계에서도 가치를 발견할 수 있게 될 것이다.

함께하면 더 좋은 것

우연히 KBS2에서 방영하는 예능프로그램 〈사장님 귀는 당나귀 귀〉를 시청한 적이 있다. 내가 본 회차는 운동선수들의 체력 단련을 위해 극한 훈련을 하는 장면이었다. 그런데 그 장면이 나를 매우 불편하게 만들었다. 한여름 무더위 속 뙤약볕에서 감독은 선수들에게 산을 오르게 하고, 본인은 편하게 차를 타고 올라가면서 "걷지 말고 뛰어!"라고 소리치며 강요했다. 감독이 집합 장소에 미리 가서 시원한 수박 화채를 먹으며 선수들을 기다리는 모습이 너무 얄미워 보였다.

물론 경기에서 실제 뛰는 선수들은 훈련이 필수니까 당연히 힘든 고비를 넘기며 훈련을 참아야 하고 그 과정을 견디며 체력을 길러야 한다. 감독 역시 선수를 훈련시키는 것이 자신의 역할이자 의무이므로 이 감독의 방식이 어쩌면 선수들에게 큰 효과를 발휘할 수도 있다. 그러나 감독이 선수들과 함께 그 고충에 동참한다면 효과는 더욱 극대화가 되지 않을까 싶었다.

나는 이런 사례를 주위에서 자주 보게 된다. 대개 직위가 높은 사람은 아랫사람을 알아서 잘 이해하고 있다고 생각하지만, 실상은 다른 경우가 더 많다. 자신이 경험했던 것을 토대로 지금의 상황을 일체화시켜 판단하는 윗사람이 의외로 많기 때문이다. 섣부른 단정만큼 위험한 것은 없다. 윗사람이라는 이유로 자신만의 방식을 고집한다면 구태의연한 사고방식을 지닌 '꼰대' 소리를 듣기 십상이다. 그래서 늘 윗사람이든 나이 든 사람이든 전체 구성원과 '함께'라는 마음을 잊지 않아야 한다. '함께라면' 무엇을 하든 그 효과가 극대화된다는 것을 기억하자.

말로만 하는 건 힘이 없다

요즘 유행하는 말이 하나 있다. 바로 '퍼스널 브랜딩'을 해야 한다는 말이다. 퍼스널 브랜딩이란 '나만의 개성과 매력, 재능을 브랜드화 해서 나의 가치를 높이는 행위'를 말한다. 그리고 이 퍼스널 브랜딩을 구축해 나가야 개인도 경쟁력을 확보할 수 있다고 한다.

소셜미디어 세계 1인자인 게리 바이너척(Gary Vaynerchuk)은 《크러싱 잇! SNS로 부자가 된 사람들》(김진희 역, 천그루숲, 2019)에서 "소셜미디어로 누구에게나 나를 알릴 수 있는 문이 열렸다"라고 했다. 그러면서 그는 사람들의 시선을 끌 수 있는 SNS를 활용할 것을 권한다.

사업을 하는 데 있어서 큰 고민거리 중 하나가 '홍보'다. 수많은 사업가 가운데 나의 사업장과 나의 정체성 또는 영향력을 드러내 고객들이 나라는 사람을 궁금하게 만들어야 한다.

내가 하는 새벽 독서 모임의 리더인 퍼스널 브랜딩 전략가 MJKU 김민정 대표 또한 나에게 SNS인 인스타그램에 나 자신을 표현해 보라고 권유했다. 인스타그램을 한 번도 안 해본 나는 망설이다가 여러 차례의 권유로 계정을 만들어 매일매일 나를 표현해 알렸다. 그렇게 몇 달이 지나면서 인친(인스타그램 친구)도 여러 명 생겨가는 시점에 이번에는 '릴스(인스타그램에서 15~30초 사이의 짧은 영상을 공유할 수 있는 기능)'에 나 자신의 영상을 올리라는 과제가 떨어졌다.

디지털에 취약한 나로서는 부담스러운 일이라 하기 싫었지만 꾸준하게 쉼 없이 하는 커뮤니티 동료들을 보니 꾸역꾸역하게 됐다. 눈에 쉽게 띄게, 뭔가 다르다는 것을 알릴 수 있는 영상을 만들어 올리라는 말을 김 대표는 계속 강조했다. 그런데 말만 하는 것이 아닌 스스로 모범을 보였다.

그녀는 매일 차별화된 콘텐츠를 올리기 위해 짧은 댄스 영상을 땡볕에서, 사람들이 오가는 거리에서, 관공서 로비에서, 역 앞에서, 공원에서 찍어 올린다. 그 더운 여름날 가만히 있어도 숨 막히는 날씨에도 쉬지 않고 영상을 올리고, 길거리 한복판에서 사람들의 시선에 아랑곳하지 않고 영상을 찍는다.

그녀에 계정에 올라오는 릴스 영상을 볼 때마다 편히 앉아서 그 영상을 보는 나는 괜스레 미안한 마음까지 들었다. 그 누가 혼자 땡볕에서 땀을 줄줄 흘리면서 영상을 찍고 싶을까? 그 누가 이상한 사람 아니냐는 사람들의 눈초리를 받고 싶을까? 하지만 말로만 '하세요', '해야 해요', '안 하면 안 돼요'라고 했다면 나는 그 귀찮고, 힘들고, 창피함을 이겨내야 하는 릴스 영상을 찍어 올리지 않았을 것이다.

리더는 말로 이끄는 게 아니다. 리더는 자기 직분에 최선을 다하는 모습의 결과로 모든 것을 말하는 사람이다. 남이 하기 싫고 꺼리는 일을 스스로 먼저 솔선수범하는 것, 이것이 리더의 자격이자 요건임을 나는 매일 느낀다.

무의식적으로 부정적인 말을 하지 말자

기성세대와 청년 세대가 한자리에 모이는 명절만 되면 나오는 이야기가 있다. 주로 "요즘 누구 만나는 사람 있어?", "공부는 잘하고 있니?", "대학 가야지? 어느 대학에 들어갈 계획인데?", "직장은 구했니?", "결혼은 언제 할 거야?", "애는 안 낳을 거니?", "돈은 얼마나 좀 모았니?" 등의 이야기다.

어떤가? 혹시 내가 젊었을 때 어른들이 질문해 온 것들이 아닌가? 이런 경험이 있다면 그때 당시 어떤 기분이었나? 아마도 기분이 썩 좋지 않았을 것이다. 이렇게 친척들의 말로 인해 기분이 상하고 더 크게는 상처 받는 일들이 비일비재하다.

그런데 언젠가 명절 때 친척들이 모였는데 그런 듣기 싫은 말들을 조카에게 하고 있는 나를 발견했다. "요즘 사귀는 사람 있니?"라고 물은 것이다. 순간 흠칫 놀랐다. 내가 젊었을 때 그토록 듣기 싫어했던 말이었는데, 어느새 젊은 세대가 말하는 꼰대가 되어가고 있었다.

어느 신문 기사에 '추석 때 꼭 피해야 할 말 세 가지'에 대해 실린 적이 있다. 3위는 "다 너 잘되라고 해주는 말이야"였다. 2위는 '라떼는' 즉 "나 때는 말이야", "요즘 애들은 말이야"로 꼽혔다. 이 말을 하는 속내에는 우월주의가 들어있지 않을까 생각된다.

그럼 대망의 1위는 무엇일까? 바로 "앞으로 계획이 뭐니?", "어느 학교 갈 건데?" 등 미래 계획을 묻는 말이었다. 젊은이들은 이런 질문 자체를 싫어하는 것보다 평소에 관심도 없었던 사람이 물어보는 것에서 반감이 일지 않을까 생각해 본다. 진짜 궁금하다면 평소에 관심을 두고 사적인 자리에서 대화를 갖는 것이

나을 것이다. 단지 윗세대라는 이유로 계획을 묻는 세련되지 못한 질문은 피해야 한다.

반대로 조카가 고모한테 "노후 준비는 하셨어요?", "은퇴 후에 뭐 할 건지 생각해 보셨어요?"라고 물어온다면 기분이 어떠하겠는가? 공자의 '내가 하기 싫어하는 일을 남에게 요구하지 말라'라는 격언이 바로 생각날 것이다. 물론 조카는 이런 질문을 안 해 올 게 뻔하다. 또 주의할 것은 가장 타격이 큰 외모에 대한 말은 절대 조심해야 한다. "너 살쪘다", "살 빠졌네" 이런 것들이다. 내가 싫은 것은 남도 싫어한다는 것을 기억하고 세련된 질문을 찾아보자. (변윤재, "'다 너 잘 되라고' '라떼는'…추석에 듣기 싫은 말 1위는?", 〈서울경제〉, 2022. 9. 10.)

젊은이들과는 새로운 대화 방법을

고려대학교 국문학과 신지영 교수는 2022년 9월 8일 CBS 라디오 〈김현정의 뉴스쇼〉에 출연해 많은 어른 세대들이 신조어를 잘 모른다며, 젊은이들에게 신조어를 물어봐야 한다고 했다. 새로운 세대와 편안하게 대화할 수 있는 대화 방법으로 "이게 무슨 뜻이니?", "어떤 맥락에서 왜 쓰는 건지 잘 모르겠다. 알려줄 수 있겠니?"라고 물어보며 자연스럽게 대화를 이어갈 것을 권했다. 그러면 젊은 세대는 기꺼운 마음으로 새로운 그들만의 언어를 가르쳐줄 것이다. 이런 질문은 젊은 세대를 이해하고 싶다는 신호이므로, 넉넉하고 자연스러운 교류의 물꼬를 터준다.

'내가 하기 싫으면 남도 하기 싫다'라는 너무나도 간단하고 당연한 이치를 사람들은 왜 매번 깨닫지 못하고 실수하는 것일까? 그것은 아마도 나의 관심이 오로지 나에게만 집중되어 있는 이기심 때문이 아닐까 생각해 본다. 상대방의 입장은 전혀 생각하지 않은 채 무심코 하는 말은 평소에 이타심이 없는 나의 수양 부족이지 않나 돌아본다면, 이런 실수는 범하지 않을 수 있을 것이다. 일에서 가치를 발견하는 방법은 매우 고전적이나 매우 오래된 덕목으로 돌아가는 길이다. 나를 먼저 돌아보고 남을 돌봐주는 일, 그것만 잘한다면 우리는 무슨 일을 하든 그곳에서 가치를 발견하게 될 것이다.

긍정의 마음을 전염시킨다

내 마음속 썩은 양파와 싱싱한 양파

양파를 사서 다용도실에 보관을 해두었다. 며칠 후에 요리에 쓰려고 꺼내려 하니 썩은 양파 하나가 있어서 버렸다. 그런데 다른 양파들도 썩어가기 시작했다. 하나의 썩은 양파로 인해 그 주변의 양파들까지 썩게 만든 것이다. 이 썩은 양파를 빨리 처리하지 않으면 어떻게 될지는 뻔하다.

나는 이 썩은 양파를 부정의 마음이라고 생각해 본다. 어떤 문제에 처했을 때 긍정적인 생각을 하느냐, 부정적인 생각을 하느냐의 따라 결과는 상상할 수 없을 만큼의 큰 차이가 날 수 있다. 부정적인 마음을 갖게 되면 한발 물러서면서 일이 안 될 것이라는 전제하에 모든 걸 생각하려 한다. 그러므로 나의 부정적인 생각이나 행동으로 남을 망치는 일이 없는지 또 나로 인해 주변 분위기가 부정적인 영향을 받지 않는지 점검하는 시간은 누구에게나 필요하다.

요양원에서 근무할 때 분위기가 어떻게 흘러가냐에 따라 구성원들의 사기가 크게 달라진다는 것을 목격했다. 어느 날 원장님이 직원들에게 아침 조회 시간에 제안 하나를 했다. "어버이날도 다가오는데 우리 지역에 있는 경로당에서 이벤트 한번 해봅시다." 그러고 나서 오전 근무를 한참 하고 티타임을 갖는데 한쪽 구석에서 쑥덕쑥덕하는 소리에 귀가 솔깃해서 들어봤다.

"그런 이벤트를 한다고 어르신들이 늘어나는 것도 아닌데 뭐하러 귀찮게 하려고 그러는지 모르겠어" 하며 투덜대는 직원의 말에 옆에 있던 직원이 "그런 건 다 원장님 스펙 쌓으려고 하는 거지 뭐", "하, 준비하려면 일이 많아지겠네" 동조하는 직원이 한두 명 생겨나 그 부정적인 사고는 분위기를 다운시켜 사기를 떨어뜨렸다.

어차피 해야 할 일을 즐거운 마음으로 하면 좋았을 텐데 억지로 등 떠밀려 하는 기분이 들어서 보람된 일이라는 가치관이 흐려졌다. 썩은 양파가 주변을 전염시킨 것이 아닌가 싶다. '나'라는 사람은 평소에 분위기를 업시키는 사람인지, 다운시키는 사람인지 생각해 보는 계기를 만들어준 일이었다.

반대로 긍정적인 마음은 최선을 다해 보려고 하는 동기가 생겨나 자연스럽게 좋은 결과로 연결된다. 어쩌면 이것은 작은 생각의 차이일지 모르겠지만 그 마음이 주변에 전염되어 생각보다 파급력이 클 수가 있다.

부정적인 생각이 낳은 불행

친구가 아들과의 관계를 어떻게 풀어나가야 할지 답답하다면서 내게 들려준 이야기다. 미국에서 5년가량 살다가 한국으로 온 엄마와 중2 아들의 문제였다. 미국에 있을 당시에는 아들과 별문제 없이 잘 지냈다고 한다. 그런데 한국에서 살기 시작하자 문제가 생기기 시작했다. 엄마는 아들 학군을 위해 강남으로 이사해 높은 교육 수준의 강남 아이들에게 뒤처지지 않게 적극적으로 지원을 해주었다. 아들은 잘 해보려고 했지만 마음대로 되지 않았던 것 같다.

어느 날 학교에 갔다 온 아들이 학교에서 시험 본 시험지를 내밀며 기분 좋게 "엄마, 오늘 시험 봤는데 하나밖에 안 틀렸어요"라고 말했다. 건네받은 시험지는 영어 과목이었다. "하나 틀렸다고? 너 미국에서 살다 온 아이가 하나를 왜 틀려?" 아들은 칭찬을 받을 것이라는 기대감으로 말했는데 엄마는 그 하나 틀린 것으로 꼬투리를 잡고 퉁명스럽게 대답했다고 한다. 엄마는 엄마대로 아들은 아들대로 기대한 만큼 안되니까 서로에게서 스트레스를 받고 있었다.

하루는 아들이 식탁에서 밥을 먹고 있기에 엄마는 맞은편 의자에 앉았다고 한다. 아들은 대뜸 식탁을 내려치며 화를 내면서 "내 앞에 앉지 말라고 했잖아요!"라는 말을 던지고 자기 방으로 들어갔다.

아들은 평소에 엄마한테 계속 부정적 피드백을 받아 왔었다. "이거 봐, 또 틀렸잖아", "네가 한 게 뭐 있어?", "제대로 안 할 거면 하지 마" 이런 식으로 엄마는 아들 그 자체를 인정하지 않았고, 자존감을 떨어뜨리는 말을 주로 한 것이다. 아들의 행동은 그 억눌렀던 감정이 엄마가 기대하는 모든 것을 무너뜨리고 싶은 마음으로 표출된 것이라고 본다. 아들의 내면에서 본인 자신에 대한 기대감조차 아예 사라진 것이다.

부정적인 말은 결국 부정적인 결과를 일으킨다. 단지 말과 생각을 바꾸는 것만으로도 자신의 삶을 변화시킬 수 있고 좋은 결과로 나아갈 수 있다. 나는 그 친구에게 좋은 기억, 과거에 성공했던 일, 잘했던 일을 상기시켜주면서 "넌 그때도 잘했고, 지금도 잘할 수 있을 거야"라고 자신감을 불어 넣어주는 말을 할 것을 권유했다. 결과에 상관없이 믿어주는 엄마가 있다는 것을 느끼게 하는 것이 그 아이를 구해줄 것이라고 생각한다.

긍정이 주는 선물

월 스트리트의 전설적인 투자자 존 템플턴(John Templeton)이 설립한 자선단체 존 템플턴 재단은 긍정적인 사람들을 대상으로 조사를 했다. 건강, 수명, 행복, 성공 등 거의 모든 분야에서 긍정적인 사람은 그렇지 않은 사람보다 결과가 좋았다. 고혈압에 걸릴 확률이 12퍼센트 낮았고, 수명은 최대 7년 더 길었고, 수입은 7퍼센트 더 많았고, A 학점 받을 확률은 20퍼센트가 더 높았고, 기부금도 20퍼센트 더 많았다. 그렇다면 긍정적인 조직은 그렇지 않은 조직에 비해 어떤 장점을 갖고 있을까?(윤원섭, "'긍정의 힘'이 조직과 직원을 바꾼다", 〈매일경제〉, 2017. 5. 6.)

나는 유튜브 영상을 편집하는 데 어려움이 있어서 이를 해소하기 위해 50~60년생들을 위한 유튜브 편집 기초 과정을 수강했었다. 나와 함께 수강한 43기생의 동기생들은 각자 활동하는 분위기로, 꾸준히 영상을 올리는 사람은 20퍼센트도 안 되는 실정이었다. 후에 수강한 46기생의 동기생들은 하나같이 모두 열심이었다. 그 안을 들여다보니 조직의 리더가 너무나 긍정적인 마인드를 가지고 있는 사람이었다. 조그마한 일에도 칭찬 일색이었다.

"영상이 너무 깔끔해요", "이런 내용은 어떻게 알고 올리셨어요? 좋은 정보 주셔서 감사해요", "어쩜 그렇게 귀에 쏙쏙 들어가게 말을 잘 하세요?" 한없이 수강생들에게 칭찬을 해주었다. 그렇게 분위기가 좋으니 구성원들도 열심히 더 하려고 하고, 서로가 모르는 것을 가르쳐 주기도 하고 배우려고 하는 자세가 강했다. 긍정적인 분위기가 자신 안에 숨겨져 있던 에너지, 아이디어, 용기를 꺼내주는 역할을 한 것이다. 조직 내에 긍정적인 개인이 많으면 조직문화 역시 긍정적으로 흘러 최고의 실적으로 이어지는 것을 경험했다.

단톡방은 나도 문화를 만들 수 있는 공간

스마트폰이 필수가 된 시대에서 메신저는 당연한 일상이 되었다. 특히나 여러 사람이 모인 단톡방은 속해 있지 않은 사람이 없을 정도 그 수가 무궁무진하다. 그렇기에 더욱이 예절을 요구하는 공간이기도 하다.

단톡방에서 지켜야 할 예절을 '톡티켓'이라고 한다. 단톡방에서 좋은 문화, 긍정적인 문화를 형성하기 위해 서로가 지켜야 할 것들을 생각해볼 필요가 있다. 단톡방도 구성원이 누구냐에 따라 문화가 다르다.

나는 단톡방 문화는 아주 소수의 사람으로 인해 조성된다는 것을 경험했다. 내가 참여하는 어느 단톡방의 누군가가 뒷담화를 할 만한 메시지를 제공한 것이다. 그 내용을 보고 동조하는 사람이 슬쩍 나타나더니 단톡방의 분위기를 어색하게 만들었다.

나중에 알고 보니 근거도 확실하지 않은 일 가지고 뒷담화를 한 것이다.

또 다른 단톡방에서는 이런 일이 있었다. 단체로 찍은 사진을 공유하는 메시지가 올라왔다. 그러자 조금 후에 "○○ 씨, 노래를 참 잘 부르시던데, 얼굴이 예뻐서 그런가?" 본인은 물론이고 다른 사람도 불쾌함을 받았는지 아무도 답이 없었다. 분위기가 썰렁해짐을 느꼈다.

채팅으로 전하는 메시지에는 한계가 있게 마련이다. 글을 쓴 사람은 칭찬한다고 쓴 말이겠지만, 문자에는 뉘앙스도 느낌도 전달되지 못하니 상대에게 진심이 닿기는 매우 어려운 도구라는 생각을 했다. 나는 A라고 생각해서 칭찬한 말이 상대방에게는 B로 들리지는 않는지, 단톡방에서는 좀 더 철저히 톡티켓을 지켜야겠다는 생각을 했다.

그런가 하면 어떤 단톡방은 참 훈훈하다. 외국에 사는 친구가 관리하는 교민 단톡방이다. 서로 일상 이야기나 사는 이야기, 맛집 정보도 나누고, 외국에 살면서 모르는 것을 단톡방에서 질문해 가며 도움을 주고 받는다. 병원, 부동산, 학교 등의 정보를 나누는 훈훈한 단톡방이다. 서로 응원해 주는 이모티콘과 칭찬해 주는 글들로 가득하다.

어떤 영향을 주고 있는지 되돌아보자

우리는 내 생각과 행동으로 인해 다른 사람의 생각과 행동도 달라질 수 있다는 것을 알아야 한다. 어떤 생각이 우리 마음을 차지하느냐가 우리의 감정과 행동을 결정한다. 생각은 과거 경험에 뿌리를 두고 있는 인생관과 가치관이 담겨 있어 바꾸기가 쉽지 않지만 내 주변이 영향을 받을 것을 알면 가볍게 넘길 일이 아니다.

세상을 살다 보면 어떤 사람은 모든 일에 긍정적이지만, 어떤 사람은 사소한 일에도 부정적인 태도와 말을 보이는 경우를 자주 보게 된다. 그럴 때마다 나 자신은 타인에게 어떤 영향을 주는 사람인지 한 번쯤 되새겨본다면, 어제의 나보다 오늘의 내가, 오늘의 나보다 내일의 내가 조금은 더 긍정적이고 밝은 사람이 되지 않을까? 가끔은 스스로 이런 질문을 해보면 어떨까.

"이 생각이 나의 오늘을 좀 더 긍정적으로 바꿀 수 있지 않을까?", "이 행동이 다른 사람과의 관계를 좀 더 나아지게 만들 수 있지 않을까?"

주는 것이 받는 것보다 행복함을 느낀다

받는 당신보다 주는 내가 더 행복하다

평생 주는 것을 행복으로 살았던 사람이 있다. 바로 세브란스 병원의 설립자 루이스 헨리 세브란스(Louis Henry Severance)의 이야기다. 청년 시절, 은행에 다니던 세브란스는 1859년 세계 최초로 석유갱을 발견했다. 세브란스는 곧장 친구와 석유 회사를 세웠다.

사업은 성공했고 그는 벼락부자가 되었다. 벼락부자가 된 세브란스는 그 돈으로 무엇을 했을까? 바로 빈민과 고아를 위해 헌신한 부모님의 정신을 이어받아 평생 자선 활동을 하겠다고 마음먹고 도시 곳곳에 누구나 갈 수 있는 학교, 병원, 교회를 지었다.

그는 한국에 와본 적도 없는 사람이었지만 그가 평생 봉사하던 교회의 부목사와 해외 선교사와의 인연으로 당시 제대로 된 병원이라 부를 만한 곳은 전무했던 조선에 최초의 종합병원인 '세브란스 병원'을 설립했다. 세브란스 병원은 조선의 왕부터 백성까지 누구나 진료받을 수 있는 자선병원이었다.

이렇게 머나먼 타국에 자선의 손길을 펼쳤던 세브란스는 갑작스러운 복통으로 아무런 유언도 남기지 못한 채 세상을 떠났다고 한다. 그가 평소에 소장하던 낡은 수첩에는 기부를 약속한 여러 곳의 이름이 빼곡하게 적혀 있었고, 그는 자신이 세상을 떠난 후에도 약속이 지켜질 수 있도록 기금까지 마련해두었다.

그는 생전에 기부 이유를 묻는 질문에 "받는 당신보다 주는 내가 더 행복합니다"라며 자선을 베푸는 소감을 얘기했다. 세브란스 집안은 할머니 때부터 해외 선교를 계속 후원해왔다. 세브란스가 작고한 지 100년이 넘는 오늘날까지도 그의 자손들에 의해 세브란스 병원은 지원받고 있다.

이제는 우리도 진 빚을 갚을 수 있다

세브란스 병원은 2011년부터 '글로벌 세브란스, 글로벌 채리티(Global Severance Global Charity)' 프로그램을 진행하고 있다. 2021년 10주년을 맞이한 GSGC 프로그램은 저개발국에서 경제적인 문제와 낙후된 의료 수준 때문에 고통받는 환자를 한국으로 초청해 치료하는 글로벌 프로그램으로, 이 프로그램에 초청된 환자들은 항공료, 체류비, 수술을 비롯해 치료비까지 모든 비용을 지원받을 수 있다.

2022년 5월 한국 선교회에서 중앙아시아의 타지키스탄으로 파송 받은 선교사로부터 우리 교회 박 목사님에게 문의가 왔다. 태어날 때부터 청각 장애가 있는 8살, 10살의 자매를 돕고 싶다는 내용이었다. 이 GSGC 프로그램을 잘 알고 있는 박 목사님은 현지 병원에서 보내준 진단서와 환자 소개서를 GSGC 사업부에 전달했다.

코로나19 상황으로 항공 문제도 어려웠고 무엇보다 비자 문제는 병원에서 해결해줄 수 없는 문제라서 이 자매는 마냥 기다려야만 했었다. 다행히도 현지 선교사의 헌신적인 수고로 비자 문제를 해결하고 아버지와 두 딸을 데리고 함께 한국에 와서 인공와우 수술을 받게 되었다. 수술은 성공적이었으며 날 때부터 청각 장애로 인해 언어도 장애가 있어 언어 치료까지 받고 출국했다.

GSGC는 우리가 어려웠을 때 해외 선교사들로부터 진 빚을 갚는 마음으로 저개발국의 어려운 환경에 처해있는 환자들을 돕는 데 뜻을 두고 있다. 미래지향적인 자선의 중요성을 몸소 보여준 루이스 헨리 세브란스의 자선을 본받아 세브란스 병원이 국내는 물론 세계 곳곳에 선한 사랑을 전하는 섬김의 병원이 되길

소망한다.

성준이의 작은 소망

주산 학원을 운영했었을 당시의 일이다. 4학년 민수(가명)와 3학년 성준(가명)이는 같은 시간대 한 학급이었다. 민수가 매일 가지고 다니는 필통은 로봇으로 변신하는 것으로 윤이 번쩍번쩍 나고 멋져 보였다. 우연히 이들의 대화를 듣게 되었다. 민수 필통에 관심이 있어 보이던 성준이는 몹시 부러운 듯 민수에게 물었다.

"형, 이 필통 많이 비싸?"

"몰라. 우리 이모가 사 주셔서 얼마나 비싼 건지 모르겠어."

"아, 그래……"

성준이는 조용한 목소리로 말을 흐렸다. 나는 옆에서 이 대화를 듣고 성준이는 틀림없이 '이 멋진 필통을 사준 이모가 나도 있으면 얼마나 좋을까?'라고 생각하고 있을 거라고 믿었다. 멋진 필통을 가지고 있는 것이 자랑스러운 듯 민수는 "너도 이런 필통 갖고 싶지?" 그러자 성준이는 "아니, 내 동생한테 선물 해 주고 싶은데 돈이 없어"라고 했다. 내 생각과는 전혀 다른 대답에 찡한 마음이 들면서 작아지는 내 모습을 발견했다.

성준이는 극빈층의 자녀로 학원에서 무료로 수강 지원을 받는 아이였다. 성준이의 동생은 백혈병으로 입원해 치료받고 있었다. 성준이는 그동안 민수가 가지고 다니는 필통을 보고 매일 동생 생각을 해온 것이다. 성준이의 간절한 바람은 동생이 퇴원하는 날 선물을 해주는 것이었다.

'성준이의 작은 소망을 이루는데 어떻게 도와줄까?' 내가 그 필통을 사서 준다면 자신의 노력으로 얻어진 것이 아니므로 동생에게 전달했을 때 자기의 마음이 담긴 진정한 선물이 아니게 될 것이다. 그러잖아도 성준이는 무료로 수강 받는 그 자체가 떳떳하지 못하다고 생각하는지 항상 주눅이 들어있었다. 나는 고민하고 또 고민했다. 성준이의 기를 살려주고 싶었다. 섣부른 배려는 아이의 자존심을 건드릴 수 있어서 조심스러웠다.

마침 얼마 후면 마켓데이가 열리는 날로 아이들이 그동안 모아 놓은 칭찬 스티커가 현금이 되어 물건을 살 수 있는 날이었다. 나는 그날이 되기 전에 성준이에게 칭찬 스티커를 평소보다 더 주는 작전을 썼다. 드디어 마켓데이가 열리는 날이왔다. 아이들이 좋아할 만한 물건을 여러 가지 사서 배치해놓고 선생님은 아이들에게 물건을 팔기 시작했다.

나는 그날 성준이의 얼굴을 계속 지켜보고 있었다. 성준이는 전시된 물건들을 보더니 로봇 변신 필통 앞에서 멈춰 섰다. 스티커 가격과 나를 한번 힐끗 쳐다보고 자기가 가지고 있는 칭찬 스티커를 세어 보더니 씩 웃으면서 스티커를 내고 필통을 사 갔다. 나는 아직도 성준이의 행복한 미소가 눈에 선하다. 성준이의 작은 소원이 이루어진 것에 내가 왜 그리도 행복했던 것일까?

받은 만큼 내어주는 것은 나를 위한 일

어느 강물이든지 흘러 흘러 바다로 자신의 것을 내어준다. 흘러 내어 보내면서 주변을 옥토로 만들고 많은 생물을 살리며 바다로 간다. 이렇듯 모든 물은 받은 만큼 흘러 내어준다.

하지만 죽은 바다라고 불리는 이스라엘의 '사해', 엄밀히 말하면 바다가 아니라 호수다. 이 사해는 수면이 해수면에 비해 너무 낮은 까닭에 물이 다른 곳으로 빠져나가지 못한다. 이처럼 받기만 하고 주는 것을 하지 않으니 특수한 염생 식물과 세균을 제외한 어떤 생물체도 살 수 없는 호수가 되어버렸다.

우리의 인생도 마찬가지일 것이다. 흘러 내어 보내지 않으면 생물이 살 수 없는 환경의 사해가 되어 나뿐만 아니라 내 주변도 죽는다. 가질 줄만 알고 베풀 줄 모르는 사람을 가리켜 '사해처럼 베풀지 않는 사람은 결국 파멸한다'라는 격언도 있다. 남에게 베풀면 기분이 좋아지고 이는 궁극적으로 자신에게 이익이 된다. 내가 감사하는 마음을 표현해 주면 상대가 기분이 좋아지는 건 물론이고 그로 말미암아 내 기분까지 더 좋아진다.

받은 만큼 내어주는 것은 남을 위한 일이 아니다. 우리 모두에게 좋은 일이다. 내가 일에서 가치를 발견하는 한 가지 방법은 받은 만큼 내어주는 것이다. 이 가치를 실현했을 때 일에서 가치를 발견하기도, 또 일에서 즐거움을 느끼기도 매우 수월했음을 나는 또렷이 기억하고 있다.

3장

나는 관계를 길어 올리는 사람

GIVING

관계 회복은 서로가 준 상처 치유에서 출발한다

갈등 자체가 나쁜 것은 아니다

사람이 살다 보면 갈등이 생길 수밖에 없다. 외모의 생김새가 똑같은 사람이 없듯이 생각하는 사고 또한 절대 똑같지 않기 때문이다. 그러나 생각은 다를지언정, 갈등 상황을 반기는 사람은 없다. 나 역시 마찬가지다. 가능하면 서로 얼굴을 붉히는 갈등 상황을 만들지 않으려 노력한다. 내가 노력하는 방법은 간단하다. '내가 틀릴 수도 있다'라는 것을 먼저 인정하는 것이다. 갈등은 서로를 이해하지 못하는 데서 생기는데 이때 서로가 '내가 틀릴 수도 있다'라는 것을 인정하고 내가 생각한 것이 정답이 아닐 가능성을 열어둔다면 갈등이 생길 확률이 줄어들 것이다.

자기중심적으로 생각하고 말하는 것, 다시 말해 내 입장만 생각해서 말하는 것은 인간관계를 망치는 일이다. 나와 의견이 다를 때 상대방의 입장과 처지를 고려해 한 번쯤은 '나'라면 어떻게 할까 생각해서 말한다면 훨씬 더 수월한 관계로 이어질 것이다. 한편으로는 갈등의 상황이 왔다고 해서 나쁘게만 바라볼 것이 아니라 인간관계가 성장하는 기회로 만들어나가는 지혜를 발휘한다면, 갈등 자체도 그다지 나쁘지는 않다.

그러나 이 같은 갈등 관계가 가장 악화한 채로 오랜 세월을 함께 살아가는 사이가 있다. 바로 가족이다. 남들에게는 조심하는 말투나 행동도 가족이라는 이름으로 아무렇지 않게 대하는 경우가 의외로 많다. 부부 사이, 부모와 자식 사이, 형제자매 사이에 갈등의 불씨를 남겨놓은 채 어른이 되는 가족들을 보면서, 나는 타인과의 갈등 해결을 원만히 하려면 먼저 가족에게 남아 있는 갈등을 치유하고, 이에 대해 사과하는 일이 필요하다는 것을 타인과 나의 사례를 통해 깊이 경험했다.

사소한 일로 시작된 엄청난 불행

요양원에 근무할 때 자주 대화를 나누던 선배 요양사가 어느 날 눈이 뻘겋게 되어 퉁퉁 부어 있었다. 무슨 일이 있었느냐고 계속 물어도 말 없이 자신의 가슴을 쓸어 내면서 괴로워하다가 계속 보채는 내 질문에 말문이 트였다. 이 요양사는 슬하에 자녀가 2남 1녀이다. 첫째 아들을 낳고 2년 후 이란성 쌍둥이를 낳았다. 쌍둥이를 키우는 과정에서 딸 쌍둥이는 예뻐했는데 유난히 아들 쌍둥이한테는 정이 안 가서 관심 밖에 두었다고 한다. 당시엔 자신의 무관심이 파멸을 일으키는 무서운 밑거름이 될 수 있다는 사실을 몰랐다고 말했다.

선배 요양사는 이 아들이 미워지기 시작한 때는 큰 시누이와 사이가 안 좋은 후부터였다고 말했다. 관계가 무너진 계기는 아주 사소한 일이었다. 시어머니 생신을 맞이해서 시누이네 가족들과 선배 요양사의 가족이 함께 홀로 계신 어머니를 모시고 식사를 대접하기로 의견을 모았다. 이번 어머니 생신 때는 며느리가 식당 예약을 책임지고 하는 것으로 결정났고, 이 선배 요양사는 그때 당시 과외 선생님이었다.

어머니 생신 약 5일 전쯤 큰 시누이에게서 전화가 왔다. "올케, 식당 예약해 놨어?" 선배 요양사는 바쁘게 학생들 가르치기 위해 이동 중이었고, "아직 안 했어요. 이제 곧 해야죠"라고 대답했다. 그러자 큰 시누이는 "어머! 여태 안 했어? 그럼 우리 룸에서 먹기는 힘들겠다. 그 식당은 예약 손님이 많아서 빨리해야 하는데 여태 안 한 거야?" 그 무렵은 학생들 시험 기간이라서 신경이 예민할 때였다고 한다. "형님, 제가 요즘 학생들 시험 기간이라서 정신이 없었어요. 그러잖아도 오늘 하려고 했어요."

큰 시누이는 "1년에 한 번 있는 생신이고 어머니 혼자 사시는

데 잘해드려야 하는데……" 그러면서 전화를 끊어버렸다. 안 좋은 결과가 있었던 것도 아닌데 일방적으로 끊는 전화에 큰 시누이를 미워하게 되었다고 한다.

내 입장만 생각한 행동이 낳은 결과

선배 요양사는 그날 집에 돌아와 아들을 보는데 이 아들이 큰 시누이를 너무도 닮은 것을 새삼 느꼈고, 그때부터 이 아들만 보면 큰 시누이가 생각나서 짜증이 나고 화가 치밀어 올라 아들에게 화풀이하게 되었다고 한다.

선배 요양사 자신은 아들만 지나치게 차별했다는 생각을 미처 하지 못하고 살았는데 당사자인 아들은 큰 온도 차이를 느껴 너무도 상처가 컸던 것이다. 지울 수 없는 큰 상처를 30년 동안 안고 산 것이다. 선배 요양사는 자신이 아들한테 대했던 일들을 그렇게까지 크게 여기지 않고 살다가 아들의 지난 아픔을 듣게 되었다고 한다. 아들이 다른 형제들은 먹고 싶은 거, 갖고 싶은 거 있으면 엄마에게 사 달라고 부탁하는데 자신은 그런 말 한 번을 못해 너무도 부러웠다고 말한 것이다. 그리고 형제나 남매간에 싸웠을 때 언제나 자기에게만 잘못했다고 하면서 더 혼났던 일, 외출할 때 단 한 번도 엄마와 단둘이 나간 적이 없었던 일, 음식을 먹는 자리에 함께하지 못했을 때 따로 자기 몫을 남겨놓은 적이 없었던 일들이 가슴을 멍들게 했다는 이야기를 듣게 되었다.

어렸을 때부터 미움과 무관심 속에서 자라온 아들은 엄마 그 자체가 무서운 존재였다고 한다. 아들은 엄마를 한 번도 똑바로 쳐다본 일이 없었다고 고백했다. 그런 엄마를 이해할 수가 없어서 성인이 된 시점에 아들은 독립해 나가 따로 지내다가 엄마가 많이 아프다는 소식을 전해 듣고 찾아온 것이다. 아들은 엄마가 자기한테 왜 그랬는지 알고 싶었고 엄마와의 관계를 회복해야만 엄마 건강에 도움이 될 것 같다는 생각에 찾아왔다고 했다. 그래서 그 날 요양사인 엄마는 아들에게 처음으로 고백했다고 한다.

"내가 너한테 모질게 했었구나. 나도 너한테 왜 그랬는지 잘 모르겠지만 미안하다. 엄마는 네가 그렇게까지 큰 상처를 받았는 줄 몰랐는데 정말 미안하다." 아들은 말없이 울고만 갔다고 선배 요양사는 가슴 아파하며 말했다. 그날 처음으로 진심을 담아 아들의 손을 잡아봤다고 말했다.

문득 '나는 사랑하는 사람, 소중한 사람에게 후회스러운 일을 한 것에 대해 얼마만큼 진심으로 다가가서 사과했나?'라는 생각이 스쳤다. 상처를 준 선배 요양사가 좀 더 빨리 진정으로 사과를 했더라면 지금보다는 훨씬 더 관계가 좋았을 거라고 믿어진다. 왜 좀 더 빨리 사과하지 않았을까, 좀 더 빨리 진심으로 사과하지 않았을까 울면서 말했던 선배 요양사의 모습이 지금도 눈에 선하다.

나에게도 있던 아들의 측은한 장면

이후 선배 요양사의 가슴 아픈 고백을 생각하다 문득 떠오른 장면이 있었다. 어린 아들이 방문 앞에서 항상 나를 기다리면서 쪼그리고 앉아 있던 모습이 영화의 한 장면처럼 내 머릿속을 스쳐 지나갔다. 딸이 초등학교 1학년 때쯤 일로 기억한다. 딸은 아주 어렸을 때부터 음악에 관심이 컸다. 내가 피아노 레슨을 하고 있으면 옆 피아노에서 자기에게도 관심을 가져 달라는 듯 피아노를 치곤 했다. 그룹 레슨을 할 때는 내 피아노 반주에 맞추어 노래하는 시간이 있었는데, 그 시간도 놓치지 않고 열심히 반주를 해대던 열정을 가진 아이라 언제부터 피아노를 가르칠까 고민하곤 했다.

그러다 딸아이가 다섯 살 되던 해부터 조금씩 조금씩 레슨을 하기 시작했다. 보통 아이들보다 빠르게 받아들이고 열정적이었다. 그렇게 여러 날을 보내면서 초등학교 1학년이 되던 해에 권위 있는 콩쿠르 대회를 지원해서 연습을 시켰다. 낮에는 원생 아이들을 레슨하느라 바빠서 저녁에 딸아이를 레슨했다. 콩쿠르를 앞둬 많이 예민한 상태였고, 연습을 봐주거나 레슨할 때 방해받지 않기 위해 주로 방 안에 나와 딸아이 둘이서만 들어가 방문을 닫고 피아노를 쳤다.

그리고는 세 살 아래였던 둘째 아들에게 레슨하는 동안 외할머니하고 있으라고 얘기하곤 했다. 하지만 아들은 낮 내내 엄마와 같이 있지 못한 아쉬움을 저녁에라도 같이 있으면서 풀고 싶은 마음이었는데, 엄마는 누나에게만 관심을 두고 있는 것이 서운했던 것 같다. 레슨하는 방에 들어가고 싶은 마음이 있었지만 절대 승낙하지 않을 것을 아는 어린 아들은 그 시간이 끝날 때까지 항상 방문 앞에서 내가 나올 때까지 기다리곤 했었다.

무심코 내뱉은 말과 행동

선배 요양사의 고백을 듣기 전까지는 아들의 입장을 생각하지 않았었는데 갑자기 아들에게 미안한 감정이 몰려왔다. 어린 아들의 마음에 얼마나 상처가 됐을까, 그 당시에 누나가 얼마나 부러웠을까, 매몰차게 행동했던 엄마가 얼마나 원망스러웠을까 별별 생각이 떠올랐다.

이 당시에 나는 어학원을 한다고 서울을 떠나 남양주 진접에 가 있었고 아들은 외갓집에서 학교를 다니느라 서울에서 따로 지내고 있었다. 주말에 만나면 아들에게 사과해야겠다고 마음먹었다. 이틀 후면 주말이었는데, 그 이틀이 참 길게 느껴졌다.

드디어 토요일이 되어 별일 없으면 엄마하고 점심 먹자고 아들에게 전화를 걸었다. 아들의 얼굴을 보는데 참 그늘져 보였다. 한창 부모의 관심 아래 지내야 할 고등학교 시절에도 함께 있어 주지 못한 부분에 대해 많이 미안하기도 했다. 그래서 그런지 웃음기도 없이 어두워진 얼굴이 나를 더 아프게 만들었다.

나는 아들에게 물었다. "네가 어렸을 때 일들 기억나니? 엄마가 누나 피아노 레슨한다고 문 닫고 들어가 있는 동안 방문 앞에서 엄마가 나올 때까지 기다리고 앉아 있었던 일 말이야." 아들은 엄마가 뜬금없이 이런 질문을 '왜 하나'라는 의구심이 드는 듯 대답을 망설였다. 지금의 아들 심정은 어떤지 편안한 마음으로 털어놓기를 바라면서 계속 물었다.

"엄마가 맨날 누나하고만 있어서 속상하지 않았어?" 재차 물으니 그제야 아들은 말했다. "그래도 어쩔 도리가 없었잖아. 엄마가 그 시간에는 절대 방에 들어오면 안 된다고 문 잠가 버리고 들어갔잖아." 아들한테는 엄마와 누나가 문을 잠그기까지 하면서 자기를 따돌리고 방에 들어갔다는 그 상황이 큰 충격이었을 것이다. 엄마인 나는 별 대수롭지 않은 일로 생각해 왔지만, 본인에게 있어서는 그 서운하고 섭섭함이 마음의 상처로 자리 잡아 커 나가고 있던 것이다.

아들은 이어서 또 얘기했다. "엄마가 자주 한 말 중에 듣기 싫었던 말이 있었어. 엄마가 일하러 나가고 없을 때는 누나가 하는 말이 엄마가 하는 말이라고 생각하고 누나 말 잘 들으라고 한 말" 누나와 비교하면서 자신을 너무 어린애 취급한 것이 그리도 싫었던 것이다. 내가 무심코 한 행동, 무심코 내뱉은 말이 아들 마음속에서 수년 동안 상처로 커 나가 아픔으로 자리 잡고 있었다.

미안해, 엄마가 잘못했어

아들의 이야기를 듣는 순간 뒤통수를 세게 얻어맞은 것처럼 큰 깨달음이 왔다. 나는 아들에게 "미안해. 그때 네 마음이 그랬었구나. 엄마가 네 마음을 전혀 헤아리지 못했구나. 정말 속상했겠다. 엄마가 정말 잘못했다. 용서해줄 수 있겠니?" 하며 손을 내밀어 아들의 손을 잡았다. 아들의 눈에서 눈물 한 방울이 뚝 떨어지는 것을 보고 내 눈에서도 눈물이 주르륵 흐르기 시작했다. 그 눈물이 아들의 마음에 수년 동안 자리 잡고 있었던 상처를 아물게 해주었다.

그 일이 있은 지 몇 달 후에 교회에서 아들에게 밥과 간식을 자주 챙겨주신 지인에게서 들은 말이 있다. "아드님이 요즘 기분 좋은 일이 있나 봐요. 얼굴이 밝아졌어요. 잘 웃기도 하고요." 갈등은 서로의 생각이 다르기 때문에 일어나는 게 아니라 내 생각과 같아야 한다고 생각하기 때문에 일어난다. 서로의 입장을 고려하지 않는 데서 생긴 큰 상처, 그 상처가 오래된 상처일지라도 진정한 사과, 건강한 사과를 한다면 치유가 가능할 것이다.

만약 당신의 인생을 되돌아보았을 때 소중한 누군가와 갈등을 해결하지 못 했다면 먼저 다가가 진정한 사과를 해 볼 생각은 없는가? 당신의 그 용기로 인해 서로의 생생한 아픔이 행복으로 전환되는 기회를 놓치지 않았으면 좋겠다.

질투하고 시기하는 동료는 아군임을 명심하자

어렵게 찾은 일터

인간은 사회적 존재로, 태어날 때부터 혼자서는 살 수 없다. 다양한 사람들과 어울리며 살아갈 수밖에 없다. 나와 생각이 다른 사람과의 관계로 인해 나는 많은 어려움을 겪은 일이 있었다. 학원을 그만둔 뒤 당장 대출이자, 카드빚을 갚아 나갈 길이 막막해 얼마라도 벌 수 있는 일을 찾아야 했다. 그러다 오래전에 요양보호사 자격증을 취득해놓았던 게 떠올라 요양원 문을 두드렸다. 그러나 내가 원하는 조건의 일자리를 구하기는 만만치 않았다. 나는 독실한 기독교 신자로 주일마다 예배 시간에 반주로 재능 기부를 하고 있어서 일요일에 근무하지 않는 요양원을 찾아 돌아다녔다. 당연히 그런 곳을 구하기는 쉽지 않았다. 요양원은 주로 24시간을 3교대 근무로 돌아가기에 매 주일 쉰다는 건 거의 찾아보기 힘들었다. 그렇게 한 달을 여기저기 수소문해서 알아본 결과 어렵게 한 군데서 근무 요청을 받았다. 들어간 곳은 같은 시간대에 요양보호사로 근무하는 직원이 10명 정도 되는 규모의 요양원이었다. 신입으로 들어간 입장이니 눈치껏 뭘 해야 하는지 배워가면서 하루하루 최선을 다했다.

나는 무엇보다 사명감을 가지고 일을 했다. 사명감은 사전적 의미로 주어진 임무를 책임 있게 수행하려는 의지나 마음가짐이라고 한다. 나는 나에게 맡겨진 임무가 내가 존재하는 이유라고 생각했다. 나는 이 사명을 '부름'으로 해석하고 싶었다. 내가 생활비를 벌기 위해 요양원을 선택해 다니고 있지만 내가 이곳에 있어야 할 존재이기 때문에 부름을 받았다고 생각했다.

자신에게 맡겨진 임무와 욕망과 꿈을 사명감으로 일체화한다는 것은 참 어렵다. 사명감은 절대로 다른 사람이 부여한다고 가져지는 것이 아니다. 사명감은 스스로 생성해 주어진 임무와 꿈이 일치해야만 생기는 감정이다. 요양보호사는 이 나약한 노인들을 보호하기 위해 그 역할을 이행하는 사명을 가져야 한다고 생각해 최선을 다하려고 노력했다. 그것이 내가 요양보호사로 가치 있는 일을 하는 것이라고 믿고 근무했다.

질투하고 시기하는 동료들

그런데 일주일, 이주일, 한 달 날이 지날수록 나한테 오는 시선이 따갑고 말투도 예전 같지 않은 동료 한 명이 생겼다. '왜지?' 이유를 잘 몰라 괴로워하고 있을 때 다른 동료가 귀띔을 해주었다. 원장님이 나한테만 특혜를 주어 일요일 근무를 빼준 것에 대해 불만을 품고 있다는 것이다. 대부분 주말에 근무하는 것을 별로 원하지 않는다. 그래도 교대 근무를 하다 보면 2주에 한 번씩은 꼭 주말에 근무하게 되는데 나만 일요일 근무를 하지 않으니 밉살맞아 보였던 거다. 상대 입장에서는 당연할 수 있는 일이었다.

나의 어려움은 또 있었다. 근무할 때의 또 다른 내 행동으로도 눈치를 보게 된 것이다. 요양원에서 지내는 어르신들은 외로움을 유독 많이 탄다. 말동무만 되어줘도 정말 좋아한다. 나는 그 어르신들이 인생의 마지막 끝자락에서 마음의 평안을 얻고 생을 마감할 수 있도록 돕고 싶은 마음이 간절했다. 요양원에 들어온 어르신들이 건강이 좋아지거나 상황이 나아져서 다시 거주했던 집으로 가는 일은 거의 없다. 그래서 나는 틈만 나면 그분들과 얘기도 하고 친하게 지내려 애썼다. 그런데 이런 내 모습이 동료들 눈에는 눈엣가시처럼 보였던 모양이다. 내 근무 태도를 싫어하는 동료들이 있다는 사실을 알게 되었다.

지금 생각해 보니 동료들의 입장이 아주 이해가 안 가는 것은 아니다. 그들도 그들 나름대로 자기 맡은 바 할 일을 하는데, 내가 과도하게 어르신들을 챙기고 대접하려 하니 본인들이 부담스럽고 불편할 수 있었다. 게다가 요양보호사들이 쉬고 있는데 나는 어르신들을 위한다고 재활운동을 해드리고 복도로 데리고 나와 운동시켜드렸다. 그런 내 모습에 쉬고 있는 입장에서는 짜증이 날 만도 하지 않았나 싶다.

날이 갈수록 나를 좋아하는 어르신들이 늘어났고, 그분들이 사탕이나 과자 등을 아껴 두었다가 내게만 건네주기도 하고 내 주머니에만 살짝 넣어주는 일들이 잦아지니 그들이 보기에는 유난 떠는 신입이 나타나 물을 흐린다고 생각했을 것이다. 내가 좋을 리 없었다.

나는 '나를 질투하고 시기하는 동료에게 무엇을 어떻게 할까?' 고민했다. 하루 이틀도 아니고 앞으로 계속 마주해야 할 동료들인데 좋은 관계로 지내야 일이 즐겁지 않겠나 싶어 대처 방안을 찾아보기 시작했다. 아군은 아니더라도 가능한 적군은 있어서는 안 된다. 세상은 넓고도 좁다고 하지 않던가? 인생을 살면서 절정을 향해 나아갈 때 최소한 걸림돌이 될 관계가 있어서는 안 된다고 생각했다. 그래서 두 가지 방법을 실행해 보았다.

✣ 칭찬은 힘이 세다

일단 내가 먼저 다가가기로 했다. 날 힘들게 하는 동료의 가려운 등을 긁어주는 작전을 한 것이다. 내가 찾은 등 긁어주기

작전은 바로 '칭찬'이었다.

"어떻게 그렇게 케어를 잘하세요?"

"아, 그거 정말 좋은 방법이네요. 창의력 대단하시네요."

조그마한 일에도 잘한다는 칭찬을 계속했다. 출근하면 웃는 얼굴로 먼저 인사하고 커피도 타서 나누어주었다. 다수와 함께 있는 시간, 가능하면 조회시간에 그 사람의 괜찮은 점을 들어서 칭찬했다.

"어제 김○○ 선생님이 이○○ 어르신과 최○○ 어르신께서 다툴 때 중재 역할을 잘 해서 크게 벌어질 일이 마무리가 잘 됐어요. 김○○ 선생님이 지혜롭게 일을 잘 처리해 주셔서 참 다행이었어요."

이렇게 많은 사람 앞에서 칭찬해 주었다. 그러자 조금씩 조금씩 사람들의 표정이 변하는 것이 보였다.

✠ 시선 돌리기

또 다른 방법은 시선을 다른 쪽으로 살짝 돌리는 일이었다. '서로 생각이 다른 여러 사람과 일을 할 때는 나를 싫어하는 사람도 생길 수 있지'라고 조금 편하게 마음먹기로 했다. 나를 싫어한다고 너무 신경을 쓰다 보면 문제가 더 커 보일 수 있다. 내가 혹시 너무 예민하게 생각하고 있지 않나 점검해 보았다.

예전에 방송에서 본 것이 있다. 연예계에서 가장 이미지가 좋은 유재석도 악플의 고통을 피해 갈 수 없었다는 내용이었다. 그는 누구나 겪는 자연스러운 과정이니까 욕을 듣고 그것을 두려워하는 것을 이겨내야 한다고 말했다. 모든 사람을 만족하게 한다는 것은 불가능한 일이니까 포기하는 것이 현명하다. 욕을 안 듣기 위해 나 자신이 비참해져 가면서 애쓸 필요는 없다. 단지 남에게 피해를 줘서 욕을 들을 때는 내 행동을 고쳐야 마땅하다. 하지만 남에게 피해를 주지도 않았는데 나를 싫어하고 욕을 듣는 것은 사고하는 방식이 다른 것이지 틀린 게 아니라는 것을 알았다.

그 이후로 나를 싫어하고 욕하는 사람 때문에 너무 힘들어하지 않고 스스로 자책하지 않았다. 그렇게 관계를 이어가다 보니 사람이 걸러졌다. 나를 욕하던 사람이 점점 나에게 호기심을 가지고 다가와 친밀한 관계로 내 입장을 변호해 주는 아군이 되었다. 또 한편으로는 관계 개선이 안 되는 사람도 있었다. 그 또한 있는 그대로를 받아들였다. 누구나 나를 좋아하게 만들 수는 없다. 그런 인간관계는 없으니까.

먼저 두 가지만 명심하자

나는 지금도 나를 싫어하거나 나에게 이유 없이 적대적으로 대하는 사람을 만나면 그들이 나를 성장시키고 나에게 에너지를 주는 아군이라고 스스로 세뇌한다. 그렇게 관계를 풀어나가기로 마음먹으면, 부정적이었던 사람들도 대부분 태도를 누그러뜨린다. 세상에 그렇게 나쁘고 지독하게 고약한 사람은 별로 없기 때문이다. 주변 사람들은 내게 어쩌면 그렇게 두루두루 잘 지내느냐고, 특별한 비법이 있느냐고 묻곤 한다. 그러나 내가 관계를 잘 맺는 방법엔 묘수가 없다. 그저 상대를 칭찬하고 인정하고, 그게 안 될 때는 신경 쓰지 않는 작전, 이 두 가지만 잘하면 된다.

손편지로 전하는 응원의 메시지

어느 가난한 목사의 마음을 움직이게 한 것

미디어가 발달하면서 손편지가 많이 사라졌다. 의견이나 할 말을 빠르게 전달하기 위해 이메일, 카톡, 문자 등 온라인 매체를 이용한다. 손편지가 사라지는 것과 비례해 세상이 점점 각박해지고 있다. 40~50대 연령층의 여성 대부분은 학창 시절에 친구들과 편지로 우정을 나눈 추억이 있을 것이다. 하지만 요즘은 아쉽게도 길거리에서 우체통을 보기가 힘들다. 한편에서는 느림의 미학에 관심을 두기도 한다. 디지털 세상에서 빠른 것만 좇다 보니 아날로그 세계의 잃어버린 가치를 소중하게 여기는 목소리도 들린다. 손으로 한 자 한 자 적어 나가는 손편지도 느림의 미학이라고 볼 수 있을 것이다.

2016년 10월 7일 〈기독일보〉에는 어느 목사의 이야기가 실렸다. 그 기사가 너무 아름다워 소개한다. 이 가난한 목사는 학교 근처의 건물 지하실을 월세로 계약해 교회를 개척했다. 그런데 언제부터인가 교회 입구 계단에 아침저녁으로 침이 하얗게 깔려 있고 담배꽁초가 수북이 쌓이기 시작했다.

하루 이틀이 아니고 여러 날 계속 이런 일이 벌어지니 누구의 소행인지 궁금해서 몰래 숨어서 지켜보았더니, 부근에 있는 고등학교의 소위 불량한 여학생들 소행이었다. 그들은 가장 외진 곳을 찾다 이 교회 입구 계단을 아지트로 삼아 등교 전, 점심시간, 하교 후에 떼거리로 몰려와서 조용하고 신속하게 담배를 피우고 가는 것이었다. 목사는 아직 성인이 안 된 학생들이 담배를 피우는 것이 어이가 없고 못마땅해서 한참을 이 생각 저 생각 하던 중 마음을 움직이는 뭔가가 느껴졌다고 한다.

짝사랑의 메시지

이튿날 목사는 아무 말 없이 여학생들 몰래 담배꽁초를 치우기 시작했다. 정말 힘든 일은 학생들이 담배를 피우면서 뱉어 놓은 침을 닦는 것이었다. '뱉어도 이렇게 많은 침을 뱉을 수 있을까?' 할 정도로 바닥이 온통 하얗게 뒤덮여 있었다. 그러나 목사는 묵묵히 참으며 깨끗이 치웠다. 다음 날 목사는 귤을 예쁜 접시에 담아 내놓고 재떨이 대용품으로 스테인리스(Stainless) 그릇에 물을 담아 놓았다. 그 옆에는 침 뱉을 휴지와 쓰레기통을 가져다 놓고 이런 글을 써 붙였다.

> 여러분 환영합니다. 이 계단에 온 분들은 이미 우리 교회 식구들입니다. 편히 쉬었다 가십시오. 이 귤도 여러분 것입니다. 먹고 남은 것은 가져가셔서 친구들과 나눠 드세요. 감사합니다.
>
> – 여러분의 목사가

목사는 매일매일 과일이나 사탕 등을 계단에 놓아두고 정성스럽게 글도 바꾸어 써서 붙였다. "공부하느라 고생이 많죠? 시험 잘 보세요", "고생 끝에 낙!", "오늘은 무척 춥죠? 교회 문 열어 놓았으니 커피나 컵라면은 탕비실에서 마음껏", "부활절 선물로 달걀 드려요", "메리 크리스마스, 카드와 선물 드려요."

목사는 "담배 끊어라", "침 뱉지 마라", "교회 나와라"라는 말은 한마디도 하지 않았다. 대신 짧은 메시지의 끝말에 "하나님의 사랑하는 딸들", "기말시험에 좋은 성적 내시기를" 이런 격려의 글만 적었다. 덩달아 여학생들도 "목사님 감사", "목사님 짱!", "공부 열심히 할게요" 등을 써 놓고 갔다. 언젠가부터 여학생들은 담배를 재떨이에, 침을 휴지에 싸서 쓰레기통에 넣고 깨끗이 치우고 갔다.

짝사랑이 친구가 되어

결국 여학생들은 목사와 가까운 친구 사이가 되었다. 그렇게 1년 동안 아무 말 없이 꾸준히 여학생들을 위해 사랑을 베풀었다. 특히 졸업식 때에는 예쁜 꽃다발을 선물로 준비해두었다. 여학생들은 목사님이 너무 고마워서 이 가난한 교회 건축을 위해 한 날을 정해 모두 복권을 사서 드리기로 했다. 여학생들은 봉투에 8명의 이름을 써서 복권으로 약정헌금을 했다. 이미 마음으로는 교회에 헌금한 셈이다. 그런데 하나님이 도우셨는지 복권이 여러 장 당첨되어 합해서 수억 원을 타는 기적 같은 일이 일어났다. 그리고 여학생들은 교회 건축 헌금으로 이 큰돈을 모두 드렸다는 아름다운 얘기다.

만약 법과 원칙을 따져 묻고 여학생들이 하는 행동을 제재했다면, 목사님의 마음을 담은 손편지가 없었다면 여학생들에게 반감을 살 수도 있어서 마음 전달이 잘되지 않았을 것이다. 아무리 좋은 말이라도 여학생들을 대면해서 전했더라면 이같이 감동적인 일은 일어나지 않았을 것이다.

수련회에서의 깜짝 편지

내가 중학교 3학년 때의 일이다. 청소년 수련회를 2박 3일 동안 강원도로 다녀온 적이 있었다. 매일 다람쥐 쳇바퀴 돌 듯 반복되는 생활을 벗어나 친구와 함께 가는 수련회에 약간 설레는 기분이 들었다. 첫날은 장시간 동안 차를 타고 수련회장에 도착해 숙소을 배정받고 오리엔테이션을 하고 정신없이 바쁘게 지나갔다.

둘째 날은 특별 강사를 초청해 강의를 듣고 극기 훈련을 하고 나니 저녁때가 되었다. 저녁에는 캠프의 꽃인 장작에 불을 붙여서 행사를 진행하는 캠프파이어를 했다. 신나게 춤추면서 놀기도 하고 조별로 모여 도란도란 얘기도 나누고 장기자랑도 했다. 그중 가장 기억에 남는 것은 부모님의 깜짝 편지를 받은 순간이었다. 주최 측에서 사전에 부모님께 편지 요청을 해서 받아 놓은 것을 학생들에게 전달한 것이다. 부모님의 편지를 읽으면서 마음이 뭉클해져 가슴이 먹먹했다.

> 사랑하는 내 딸아~
>
> 미원이가 태어나 엄마는 세상을 다 얻은 것 같았단다. (중략)
>
> 가끔 힘들다고 투정 부릴 때 따뜻하게 받아주지 못했던 게 참 미안하구나. 엄마는 항상 미원이를 사랑하고 응원한단다.
>
> \- 부모님의 편지 내용 중

편지를 끝까지 읽기도 전에 끝내 눈물을 흘렸다. 옆에 있는 선생님이나 친구들에게 안 들키려고 애써 흐느끼는 소리도 죽이고 눈물을 몰래 닦고 있는데 옆의 친구도 우는 것이었다. 사실 그 당시 부모님이 의도한 것은 아니지만, 나와 진학 문제로 갈등이 있었다. 나는 음악공부를 하고 싶었는데 가정형편이 어려워 꿈도 꿀 수 없는 처지인지라 말도 못 해보고 어쩔 수 없이 실업계 고등학교에 진학해야 했다. 그러나 그 편지로 인해 그동안 부모님과 있었던 크고 작은 갈등과 오해가 모두 해소되어버린 것이다.

감동을 줄 수 있는 강력한 선물

편지는 읽기 전부터 감동하며 시작된다. 손편지는 그 자체로 감동이다. 글은 강력한 힘이 있다. 편지는 마음과 마음을 나누는 나눔의 힘인 것이다. 자기 속 얘기를 누군가에게 속 시원하게 말한다는 것은 쉽지 않은 일인데 편지는 내 얘기를 들어주는 것 같은 마음을 들게 한다. 누군가에게 감동을 줄 수 있는 아주 강력한 선물이자 언제든 꺼내 볼 수 있어 다시 감동을 기억나게 하는 선물이 손편지다. 그렇다면 갈등을 감동으로 풀어줄 수 있는 당신의 손편지를 전해줄 사람은 누구인가?

내가 〈기독일보〉에 실린 긴 일화를 소개한 이유는 '진심은 통한다'라는 오래된 진리를 알려주고 싶었기 때문이다. 우리는 대개 사람의 마음을 움직이는 일이 세상에서 가장 힘들다고 생각하곤 한다. 또는 사람은 변하지 않는다고도 생각한다. 사람이 변한다는 건 쉽지 않지만 나는 인생의 경험을 통해서 그 말은 틀렸다고 믿는다. 손편지로 그 여학생들에게 전달되었던 목사님의 진심, 짧지만 내게 크나큰 사랑을 전달해 주었던 엄마의 편지 등이 지금 이 나이가 되도록 나 자신을 지탱해 주는 단단한 무기가 되고 있다.

자주는 아니지만, 나도 지인들에게 손편지로 응원의 메시지를 전달하곤 한다. 때로는 문자 메시지로 대신하기도 하지만, 진심이 담긴 마음만큼은 꾹꾹 눌러 전한다. 관계를 잘 지켜가는 길은 어렵지 않다. 진심을 담고, 그 마음을 전달하기만 하면 되니 말이다. 그 뒤는 저절로 흘러가게 된다.

말은 관계를 잘 유지하기 위한 열쇠다

'아' 다르고 '어' 다르듯

인간이 동물과 구별되는 가장 큰 특징은 말을 구사한다는 점이다. 말은 인간이 살아가는 데 없어서는 안 될, 반드시 필요한 요소 중 하나다. 그리고 사람이 살아가는 데 있어서 매우 중요하고 소중하게 다루어야 하는 게 아마 인간관계일 것이다. 관계를 잘 유지하기 위한 열쇠는 '말'이다. 말이 잘 통해야 관계가 원활히 이어질 수 있기 때문이다. 어쩌면 말(구어든 수화든 상관없이 의사소통이 되는 수단의 말)은 인간관계를 위한 필요충분조건에 해당할 것이다.

한번 내뱉은 말은 다시 주워 담지 못하기 때문에 평소에 말하는 습관을 예쁘고 긍정적인 표현을 쓰도록 무진장 애를 써야 한다. 그만큼 말에는 보이지 않는 강력한 힘이 있다. 격려와 기쁨의 긍정적인 말은 사람에게 용기와 행복을 주지만 저주와 비난의 부정적인 말은 명예를 실추시키는 것은 물론 죽음에까지 이르게 할 수 있다. 칼보다 더 힘이 세고 무서운 것이 '말'의 힘이다.

평생 가는 작은 상처

우리 친정어머니는 음식 솜씨가 참 좋으셨다. 한식 요리사 자격증을 취득하셨고 젊은 시절에는 한식점도 운영하셨다. 그래서 그런지 보통 사람의 입장에서 볼 때 요리 평가의 기준이 까다롭다고 느껴졌다. 내가 막 성인이 되어 돈벌이를 시작했을 때의 일이다. 부모님께 맛있는 음식을 대접해 드리려고 맛집으로 모시고 갔다. 함께 식사하는 가족들은 모두 맛있다고 만족스러워했다. 그러나 친정어머니는 음식을 드시는 내내 표정이 밝지가 않고, '싱겁다', '비리다', '질기다'는 등 일일이 평가를 하시며 드셨다. 나는 음식점을 나오면서 어머니에게 여쭤봤다.

"엄마, 어땠어요? 맛이 괜찮았어요?"

"뭐가 그렇게 대단히 맛있다고 사람들이 몰려오는 건지……"

나는 그날 음식을 대접해 드리고도 왠지 미안한 마음이 들었다. 그런 일이 있고, 몇 달 뒤 외식을 또 하게 됐다. 이날도 상황은 다르지 않았다. 이후로도 몇 번 이런 일을 경험하다 보니 친정어머니를 모시고 외식하는 일은 거의 없었다. 설령 기대한 만큼 맛있지 않았더라도 "어떻게 이런 맛집을 알았니? 덕분에 맛있는 거 먹었네. 고맙다"라고 하면 어땠을까?

'별생각 없이 무심코 내뱉은 말이 상대방을 난처하게 만들고 상처를 줄 수 있겠다'라는 인생 체험을 나는 이때 했다. 이 깨달음으로 자녀들로부터 대접을 받으면 감사 표현을 하려고 많은 노력을 하고 있다. "어쩜. 이렇게 맛있는 집을 알았니? 진짜 맛있다", "이런 분위기 있는 집을 어떻게 알았어? 정말 멋진데? 네 덕분에 이런데도 다 와봤네, 고마워" 부모의 권위를 앞세우는 낡은 사고방식을 버려야 이런 말이 나오지 않을까 생각한다.

지금 생각해 보면 어머니가 왜 그렇게 말씀하셨는지 알 것도 같다. 자식이 돈 쓰는 일이 미안해서 반어적으로 나온 말이 아닐까? 어머니의 속마음은 알 수 없지만, 나는 자식들이 밥을 사주면 언제나 "와, 이 식당 정말 마음에 든다. 맛있게 잘 먹었어"라고 고마움을 마음껏 표현해준다.

하물며 쌀도 썩는데

학원을 운영하면 아이들의 대화를 많이 듣게 된다. 그들의 유행어, 관심사 등을 많이 듣게 되는데, 그럴 때마다 나는 참 안타까운 마음이 들곤 했다. 아이들은 자연스럽게 욕을 섞어가면서 대화하기 때문이다. 욕을 하는 그 아이들 자신은 아무렇지도 않다. 본인이 욕을 하고 있다는 것을 알고 하는 걸까 의심스러웠다. 그러다 욕이 독이 된다는 것을 깨우쳐줄 수 있는 좋은 방법이 없을까 고민하게 됐고, MBC에서 2009년 한글날 특집으로 방영했던 실험 다큐멘터리 〈말의 힘〉이 생각나 이를 활용했던 기억이 있다. 무심코 내뱉은 말 한마디에 엄청난 비밀이 숨어 있다는 것을 알리는 내용이었다.

나는 이 방송 내용에 착안해 쌀밥을 지어 투명한 유리병에 각각 담아서 좋은 말, 나쁜 말 스티커를 붙여 각 반 선생님께 전달했다. 그리고 아이들에게 한 달 동안 매일 수업 시작 전과 마친 후에 좋은 말과 나쁜 말을 하게 했다. 말을 할 때마다 뚜껑을 열고 좋은 말의 병에는 "고마워", "예쁘다", "사랑해", "나 너 좋아해"를, 나쁜 말의 병에는 "못생겼어", "미워", "어유, 짜증나", "신경질나 죽겠어" 같은 말들을 하기 시작했다. 사람도 아니고 살아있는 생물도 아닌데 서로 다른 변화가 일어날까 무척 궁금했다. 무슨 변화가 있었을까?

처음에는 하루 이틀 지나도 특별한 변화가 없었다. 점점 날이 흐르고 한 일주일이 가까워지는 날부터 조금씩 차이가 나기 시작했다. 눈으로 직접 보지 않고는 믿기 어려운 일이 벌어지기 시작했다. 그러자 아이들이 재미있어하면서 매일매일 확인하고 관심을 가지고 참여하기 시작했다. 좋은 말을 들려준 쌀밥에서는 하얗고 뽀얀 곰팡이가 피어 구수한 누룩 냄새가 났지만 나쁜 말을 들려준 쌀밥은 시커멓게 썩어서 기분 나쁜 냄새가 났다. 어떻게 이런 차이가 날까, 정말 신기했다.

이러한 실험을 통해 아이들도 느끼는 바가 있는 것 같았다. 확연한 차이가 나기 시작하니까 아이들은 호들갑을 떨기 시작했다. "선생님, 나쁜 말 쌀밥은 이제 보기가 싫어요", "나쁜 말 쌀밥이 조금 불쌍해요", "좋은 말 쌀밥은 나하고 말이 통하는 것 같아요" 등 관심이 차고 넘쳤다.

사람이 아닌 밥풀에 좋은 말과 나쁜 말을 그냥 들려줬을 뿐인데 확실히 구분할 수 있을 정도로 다르게 변해버렸다. 하물며 사람은 어떨까? 내가 내뱉은 말 한마디가 가장 아름다운 꿈을 만들어낼 수도 있고, 모든 것을 파괴할 수도 있다. 말은 그냥 하나의 소리가 아니다. 생명력이 있는 강력한 힘이 있다.

이 실험을 체험한 아이들의 말은 조금 순화가 되어 서로 헐뜯는 말을 하려다가도 아차 싶은지 선생님의 눈치, 주위의 눈치를 보며 조심하는 모습을 보았다. 보람 있는 경험이었다.

말 한마디 조금 바꾸었을 뿐인데

내가 말을 예쁘게 해야겠다고 생각한 특별한 계기가 또 있었다. 어학원을 운영할 당시 '케이트'라는 미국식 이름을 가진 한국 선생님의 예쁜 말투였다. 케이트 선생님의 말투는 많은 생각을 하게 만들었다. 말투를 가만히 분석해 보면 상대방을 주인으로 만드는 화법을 쓰는 것 같았다.

예를 들자면 이렇다. 이벤트로 학원이 새롭게 꾸며진 날이면 보통은 "어머, 멋있어요", "예쁘네요", "근사해요"로 칭찬을 한다. 하지만 케이트 선생님은 달랐다. "어머! 원장님, 이렇게 멋지게 하시느라 얼마나 힘드셨어? 정말 예쁘네요. 아이들이 너무 좋아할 것 같아요."

또 누군가 특별한 집안 행사로 음식을 넉넉히 해서 선생님들과 나누어 먹기 위해 챙겨오게 되면 대부분 "어제 시어머니 생신이었는데 조금 가져 왔어요. 같이 먹으려고요." 이런 식으로 말을 한다. 하지만 케이트 선생님은 말에 구체적인 성의와 정성을 보탰다. "원장님과 선생님들이 드셔주시면 어머니 생신 축하의 의미가 더 깊어질 것 같아요. 같이 드셔주시면 제가 더 감사하겠습니다." 그래서인지 케이트 선생님과의 대화는 훨씬 즐겁고 유쾌했다. 상대를 위하는 마음, 배려하는 마음이 항상 말 속에 담겨 있음을 느끼게 한다.

아이들을 대하는 말에서도 예쁜 말투가 엿보였다. 월말시험을 보고 그 결과에 대한 말을 할 때 "이번에는 지난달보다 성적이 잘 나왔네"라고 할 수도 있는데 케이트 선생님은 역시나 특별하게 칭찬했다. "성적 올리느라 정말 고생했네. 수고했어. 역시 너는 꼭 해낼 거라고 선생님은 믿었어." 이 말은 결과에 중심을 두지 않고 과정을 칭찬한 것이다. 이 말을 들은 아이는 자존감이 올라가고 자신감도 생겼다. 그리고 이런 칭찬을 들은 아이는 크게 변화가 생겼고, 이 아이의 부모님으로부터 아이가 케이트 선생님을 만나면서부터 성격이 밝아지고 자신감이 생겼다고 감사의 뜻을 전해왔다.

상대의 마음을 바꾸는 말의 기술

하루는 미용실에 못 가서 길게 자란 내 헤어스타일을 불평하던 내가 무심코 "머리도 자르고 파마도 해야 하는데 바빠서 계속 못 하고 있네. 머리가 길어서 너무 지저분해 보여. 그렇지?"라고 하자 케이트 선생님은 이렇게 답해주었다. "아니에요. 머리가 길어서 우아하게 보이고 보기 괜찮은데요." 역시 그녀는 사람의 기분을 좋게 하는 말의 기술을 가지고 있었다.

동료 선생님이 본인의 손가락이 못생겼다고 생각해 "내 손가락이 너무 굵어서 좀 속상해. 가늘고 예쁘면 좋겠는데, 왜 이렇게 생겼는지"라는 말을 했을 때도 "우리 친정어머니도 손가락이 굵은 편인데 나이 들어서 오히려 좋아하시는 거 같아요. 뼈가 남보다 튼튼해서 관절에 무리가 덜 간다고 하셨어요" 등 매사에 긍정적인 표현을 써서 상대방을 감탄하게 했다.

말 한마디 조금 바꾸고 보탰을 뿐인데 상대방에게 기쁨과 용기를 주는 힘이 대단하다. 케이트와 같이 있으면 긍정적 에너지가 나에게도 생긴다. 그 이후로 나는 틈틈이 케이트의 말투를 분석하게 되었다. 말을 참 예쁘게 하는 케이트에게는 남을 배려하는 마음이 깔려있다. 상대방을 주인으로 세워주는 말투다. 그리고 결과에 칭찬하는 것이 아니고 과정을 칭찬해줌으로써 자신감을 불어 넣어주며, 부정적인 생각을 하는 사람에게 긍정적인 에너지를 준다. 나는 케이트 선생님의 예쁜 말투를 닮고자 지금도 노력하는 중이다.

신뢰 있는 관계를 쌓는 일은 어렵지 않다. 인간관계의 기본이 되는 말을 신중하게 하고 내가 듣고 싶은 말을 상대에게도 해주는 것, 이 기본만 지키면 인간관계를 위한 필요충분조건을 충족한 것이다. 나는 이를 제대로, 충실히 지키면 좋은 사람들과 오랫동안 좋은 관계를 유지하며 살 수 있으리라 생각한다.

관계를 좋게 이어가는 나만의 비법

관계 없이는 살 수 없다

사람들은 서로서로 관계를 맺으며 살아간다. 철저하게 나 혼자인 채로 살아갈 수 있는 사람은 많지 않다. 좋든 싫든 사회적 관계망 속에서 이런저런 인연을 맺으며 살아갈 수밖에 없다. 혼자 산골에 들어가 자급자족하는 생활을 하며 살아간다 할지라도 최소한의 사회적 관계는 맺어야 세상살이를 할 수 있다. 중년 남성들이 즐겨 보는 TV 프로그램 중 하나인 〈나는 자연인이다〉에 출연하는 출연자들조차도 사회와 아주 동떨어진 생활을 하지는 않는다.

인간관계는 수학 공식처럼 명확한 정답이라는 것이 없다. 그런 까닭에 크고 작은 갈등이 일어날 수밖에 없다. 혼자서만 좋은 관계를 유지하기 위해서 노력한다고 되는 일이 아니고 서로의 노력을 요구하는 것이기에 더욱 힘들다. 하지만 어느 한쪽에서라도 유연한 사고를 갖고 접근해 간다면 갈등이 좀 더 쉽게 풀릴 수도 있다고 본다. 또한 관계를 좋게 지속하기 위해서는 헌신이 필요하다. 남을 일으켜 세워주는 힘이 어느 때보다 절실한 시대에 우리는 살고 있다.

시간을 벌지 못한 말의 끝은

나는 가끔 퇴근하는 남편에게 저녁 식재료를 사 오라는 부탁을 한다. 주로 저녁상을 차리려는데 마침 재료가 똑 떨어졌을 때나 예정에 없던 메뉴를 상에 올리고 싶을 때 남편에게 마트에 들렀다 오기를 요청한다. 그럴 때마다 남편은 내 요청을 늘 흔쾌히 수락한다. 그런데 문제는 내가 바라던 정확한 물건이 아닐 때가 많다는 것이다.

남편이 이러는 이유는 명확하다. 내가 이러이러한 물건을 사 오라고 설명할 때 내 말을 '건성'으로 듣기 때문이다. 예를 들면 찌개 두부를 부침 두부로 사 온다든가, 맛술을 맛살로 사 온다든가 하는 식이다. 양파도 작은 망에 담긴 것만 필요한데 큰 망에 든 대용량을 사 오기도 한다. 이외에도 또 다른 문제가 있다. 마트에 도착해 다시 전화를 걸어오는 것이다. 삼겹살 두 근을 부탁하면 전화해서 '몇 근이라고 했지?'라고 되묻는다.

어느 날은 채소 세 가지를 부탁했던 일이 있었다. 돼지 불고기를 쌈으로 먹으려고 오이, 상추, 깻잎을 각각 한 봉지씩 요청했다. 필요한 채소를 기다리며 식구들이 맛있게 먹을 돼지 불고기를 하느라 부지런히 준비하고 있는데 남편이 들어오면서 나름 임무 수행을 잘 했다는 듯 자랑스럽게 내 앞에 장 봐 온 것을 내려놓고 방으로 들어갔다.

남편이 사 온 채소를 씻으려고 펼쳐보니 대용량 채소 모둠을 사 왔는데, 용량도 용량이지만 가격이 엄청나게 비싼 제품이였다. 평소 가족들이 쌈을 싸 먹을 때 깻잎과 상추 말고는 잘 안 먹는데도 불구하고 모둠 채소를 사 온 것이다.

나는 식사 때 먹고 남은 채소가 줄곧 냉장실에서 말라비틀어지거나 상해서 버려지는 것을 원치 않기에 먹을 것만 적정량을 사 오는 편이다. 하지만 남편은 그런 것에 우선순위를 두지 않고 푸짐하고 넉넉한 것을 좋아한다.

"한 봉지씩 상추랑 깻잎, 오이만 사 오랬는데 왜 먹지도 않는 다른 쌈까지 들어간 대용량 모둠을 사 왔어?" 나는 순간 약간 퉁명스럽게 말을 하며 계속 투덜댔다. "자기는 매사에 이런 식이야. 왜 말할 때 제대로 듣지 않고 잘 들은 것처럼 대답은 잘해?", "밖에서 일할 때도 이런 식으로 일해?" 나는 조금씩 조금씩 선을 넘으며 잔소리를 해댔다. 참다못한 남편은 뭘 그런 거 가지고 그렇게까지 따지냐고, 모자란 것보다 넉넉한 게 낫지 않느냐며 화를 냈다.

내가 먼저 사과하게 된 이유

그 당시에는 화가 나서 며칠 동안 말을 하지 않고 지냈지만, 가만히 생각해 보니 남편한테 조금 미안한 감정이 들긴 했다. 이렇게 마찰이 있고 의견 충돌이 있을 때 과거 일까지 들춰서 비난하고 판단한 것은 나의 큰 실수라고 자책했다. 과거의 일은 과거의 일이고 현재의 일은 현재의 일이다. 현재의 일을 가지고 과거의 일까지 꺼내서 같이 몰아 비판하면 안 된다는 것을 잊은 것이다. 살짝 자존심도 상하고 쑥스러웠지만 용기를 내서 남편에게 사과했다.

"지난번에 잔소리한 것 때문에 기분 상했지? 미안해" 그랬더니 며칠 동안 틀어져 있던 관계가 회복됐다. 나는 사과의 말을 하면서 "그러니까 처음에 말할 때 잘 좀 듣고 제대로 사 오면 내가 잔소리 안 할 거 아니야"라고 말하고 싶었지만 꾹 참았다. 그렇게 하면 진정한 사과가 될 수 없다는 것을 알기 때문이다.

감정이 올라올 때는 그 감정이 실린 말을 하면 안 좋다. 잠시 보류하고 기다려보자. 시간이 좀 지나면 상황이 더 명확하게 보인다. 시간이 약이다. 사실인가 아닌가를 따지는 것보다 이 말을 하면 혹시 상처받지 않을까 하는 기준으로 말을 해야 상대방의 마음이 다치지 않는다.

만약 관계가 나쁜 상황으로 멀어졌다면 먼저 사과를 해보는 것이 어떨까? 서로 기분 나쁜 일에도 내가 먼저 사과하는 이유는 내가 정말 다 잘못해서가 아니라 그만큼 상대방을 아끼기 때문이다.

사람의 힘은 사람에게서 나온다

내가 주 6일 매일 새벽 5시 30분에 참여하는 새벽 독서 모임을 시작한 지가 1년 6개월 정도가 지났지만, 여전히 쉽지만은 않다. 단순히 시간적인 측면에서만 어려움이 있는 게 아니고 물리적, 정신적 등 많은 것들이 어렵다. 독서 모임에는 날마다 일정한 목표를 설정해놓고 그 목표를 이루기 위해 많은 과정을 거쳐 실행한다. 그 과정에서 많은 고통이 따른다. 내가 선택하고 그 목표에 집중하며 나아가는 과정에서 때로는 좌절하고 나태해질 때도 있다. 하지만 매일 새벽마다 만나서 서로 소통하고 지식을 공유하는 동료들이 있기에 가능하다.

나는 독서 모임을 통해 사람의 힘을 배우고 있다. 나 혼자 하고 있다는 외로움은 사람을 나약하게 만들지만 누군가가 항상 나하고 같이 하고 있다는 것만으로도 큰 원동력이 된다. 나의 지난날을 생각해 보면 매번 다이어트를 한다고 시도했다가 실패를 거듭한 것 같다. 그러다 10킬로그램 감량에 성공했고, 만약 나 혼자 했더라면 성공하기 힘들었을 것이다. 함께 하자는 모임 동료들과 서로 응원하며 단톡방에 식단도 올려주고 운동하는 모습도 보여주었기에 성공했다고 본다.

'백지장도 맞들면 낫다'라는 속담은 언제나 정답이다. 큰일이든 아주 작은 일이든, 우리는 혼자보다는 서로 다독이고 응원하며 해나갈 때 좋은 결과를 맞이할 수 있다. 뜻을 같이하는 이들과 좋은 관계를 맺으며 잘 유지해 나간다면 하기 어려웠던 일, 할 수 없었던 일들도 능히 해낼 수 있을 것이라고 본다.

내 생각이 틀렸어

10여 년 동안 성가대 지휘를 한 적이 있었다. 리더의 자리에 있어 보니 한 사람 한 사람이 얼마나 소중하고 힘이 되는지 그때 더 많은 것을 느꼈다. 합창이라는 것은 더욱이 전체의 조화, 균형을 이루는 아름다움이다. 여럿이 함께 참여하는 공동체적 활동이라는 특성이 있다. 청중을 감동하게 하기 위한 목적이긴 하지만 그에 앞서 먼저 합창단 구성원들이 서로 감정을 공유하고 통일하는 과정이 필요하다.

나에게 유난히 기억되는 날이 있다. 추석 연휴로 예배드리는 주일이 한가운데 끼어 있는 주간이었다. 예배 1시간 전에 모여서 연습을 해야 했다. 어느 정도 예상은 했지만 그렇게까지 못 나오리라고는 생각을 안 했다. 추석 명절이기에 평소의 절반 이상의 대원들이 못 나온 것이다. 낙심은 됐지만 내색하지 않고 연습을 해나가는데 메인인 소프라노 대원이 너무도 부족해 서로가 짐이 되니 움츠러들어 소리를 더 못 내는 상황이었다. 그때 소프라노의 에이스 대원이 조금 늦은 시간에 급히 들어왔다. 목감기로 인해 소리를 낼 수 없는 상태라 참여를 안 하려다가 립싱크라도 해야겠다고 온 것이다. 그런데 분명히 이 에이스 대원은 목소리를 내지 않은 상태인데 합창의 퀄리티가 달라진 것이다.

예전에 리더의 자리가 아닌 한 사람의 대원으로 활동했었을 때 나는 내 역할을 제대로 할 수 없는 상황이라고 판단이 되면 참여하지 않았다. 내 생각이 틀렸던 것이다. '이게 사람의 힘이구나' 그냥 내 자리에 있는 것만으로도 다른 사람에게 주는 영향력이 대단하다는 것을 체험했다. 조직이나 팀 구성원은 그 자리에서 본인의 역할만 잘하고 있는 것이 헌신이라는 것을 톡톡히 체험한 날이었다.

헌신은 아무나 할 수 없는 게 아니라 평범한 우리도 할 수 있는 아주 친밀한 키워드다. 그저 성실히 내 자리를 지키고 있는 그 자체가 헌신이기 때문이다. 그 이후부터 나는 조직이나 팀 구성원으로 활동할 때 빠지거나 '나 하나쯤'이라는 생각을 하지 않는다. 내가 생각하고 있는 게 틀렸을 수도 있겠다는 유연한 사고를 갖고 누군가는 나로 인해 도움을 받을 수 있다는 생각을 하면서 살아간다.

4장

돈은 나누는 마음에서 솟아난다

GIVING

돈을 좇아가면 돈이 도망간다

정신을 차리고 보니

앞서 말했듯 나는 뒤늦게 시작한 프랜차이즈 어학원에서 크게 실패한 후 여러 해 동안 경제적으로 힘든 시기를 보냈다. 너무 많은 빚을 진 탓에 생활하기도 힘들었고, 자연스럽게 자존감도 하락했다. 그래도 있는 힘을 다해 급한 빚을 3년 정도 갚고 나니 숨통이 조금은 트였다.

급한 빚이 조금 해결되니 그제야 정신을 차리고 나를 바라보게 됐다. 인생 후반의 나이에 해놓은 게 없으니 막막하기도 했다. 돈을 벌어야 한다는 강한 압박감이 몰려왔다. 대부분 '돈' 얘기를 속된 것, 속물로 생각해 꺼린다. 그러나 돈을 세속적이라는 이유로 깊이 생각하지 않으면 그 피해가 나는 물론이고 내 가족까지 영향을 미치게 된다. 우리가 사는 세상에 '돈'이란 필수 불가결한 도구이자 수단이 되기 때문이다. 돈이 부족하면, 늙어 죽을 때까지 평생 생계를 위한 노동을 해야 하는 것이 평범한 이들의 앞에 놓인 현실이다.

내게 돈이란 돈에 구애받지 않을 정도의 여유 있는 삶을 위한 최소한의 안전장치다. 돈에 여유가 있으면 그렇지 않은 사람보다 풍요롭고 행복하게 살기에 더 유리하다. 반면 돈이 없으면 사람이 구차해진다. 내가 살아가는 궁극적인 목표를 향해 가는 데도 돈이 있어야 한다. 이 모든 이유에서 나는 돈을 벌어야 했다.

자녀에게 기대해선 안 되는 노후

20세기의 부모와 21세기의 부모의 노후 대책에는 많은 차이가 있다. 20세기 부모들의 자녀는 평균 6명이고, 21세기 부모들의 자녀는 평균 1.2명이라고 한다. 부모와 자녀의 입장을 생각해 볼 필요가 있다. 옛날에는 형제가 많다 보니 자라는 과정에서 형제들끼리 어울려 지내는 시간이 많아서 부모가 자녀를 키우는 데 지금 시대보다는 적은 시간과 비용을 투자했다. 요즘은 외동으로 크는 아이들이 참 흔하다. 이런 부모는 자녀의 뒷바라지에 올인하는 경우가 대부분이다. 고학력의 부모들이 특히 자녀 교육과 양육에 온 정성을 쏟는다.

그러나 이렇게 키운 자녀들은 성인이 되면 각각 독립된 생활을 꾸려가게 된다. 시대가 변했기 때문이고, 부모들 또한 변한 시대를 잘 알기 때문이다. 21세기에 부모 부양을 기대하는 건 자녀에게는 물론이고 부모에게도 불행한 일이다. 우리 부모들이 살던 시대에는 평균 수명이 70세 정도이고 여러 명의 자식이 부모 부양을 했기 때문에 크게 부담되지는 않았다. 지금 60대인 내 경우는 평균 수명이 90세 이상이고 자녀는 2명이다. 자기네들조차 살기 바쁘고 힘든 시대에 부모 부양을 생각조차 할 수 있을까? 갑자기 멘붕이 왔다.

이후 성공한 부자들의 이야기가 담긴 책을 읽기 시작했다. 그들은 어떻게 부자가 되었나? 그들을 분석해 보고 그들을 따라 해봐야겠다고 마음먹었다. 여러 책 가운데 한인 기업 최초 글로벌 외식 그룹인 스노우폭스 그룹(Snowfox Group)의 김승호 회장이 쓴 《돈의 속성》(스노우폭스북스, 2020)을 읽으면서 돈을 이해하는 것부터 시작했다.

저자는 돈의 속성을 여섯 가지로 분류했는데 그 가운데 '돈은 인격체'라는 말에 마음이 끌렸다. "돈을 사람처럼 사고와 감정과 의지를 지닌 인격체라고 받아들여라. 돈은 감정을 가진 실체라서 절대로 무시하거나 함부로 대해서는 안 된다. 돈은 자기를 소중히 여기는 사람에게 붙어 있기를 좋아하고, 자신에게 합당한 대우를 하는 사람 곁에서는 자식(이자)을 낳기도 한다. 반대로 함부로 대하는 사람에겐 돈이 다가가지 않는다"라고 말한다. 돈이 인격체라니, 이보다 더 와닿는 말은 없었다.

멋진 여성에게서 얻은 교훈

간병인으로 일할 때 멋진 여성을 본 적이 있다. 보통 간병인에게는 약간 하대하는 사람들이 많다. 6인실에서 근무하고 있을 때의 일이다. 창가 바로 옆자리에 허리 수술을 하기 위해 입실한 여성은 유난히 품위가 있고 교양있어 보였다. 간식을 하나 먹더라도 병실에 있는 사람들에게 조금씩이라도 나눠주곤 했다. 특히 간병인들에게 예우를 해주는 행동이 몸에 배어 있었다.

그 중년 여성에 대해 궁금해지기 시작했다. 그녀를 만나기 위해 오는 사람들은 대부분 정장 차림에 깍듯이 인사를 하며 서류봉투를 가져와 업무를 보고 갔다. 나중에 알고 보니 그 여성은 한 중소기업 대표였다. 그리고 그 기업은 여러 어린이재단, 노인시설에 후원을 많이 하는 기업이라는 훈훈한 얘기도 들었다. 넉넉히 가졌음에도, 더 편한 1인실에 입원할 수 있었음에도 왜 불편함을 감수하고 6인실로 들어 왔을까?

지금 생각해 보니 그녀는 돈을 인격체로 본 것이다. 가진 것이 많다고 남을 무시하거나 하대하지 않으며 적은 돈을 절대로 함부로 대하지 않았다. 돈을 제대로 쓰고 마땅히 보내야 할 곳에 제대로 보내는 사업가였다. 이러한 행실이 돈을 인격체로 받아들이고 깊은 우정을 나눈 친구처럼 대하는 것이리라 본다. 검소하고 단정한 삶을 살아야 한다.

빨리 부자가 되는 유일한 방법은 빨리 부자가 되지 않으려는 마음을 갖는 것이다. 빨리 부자가 되려는 마음은 누군가와 나를 비교하고 있거나 주변에 나를 과시하고자 하는 마음이 그 본질이다. 훗날 생각해 보니 그것이 내가 실패한 원인이었다. 부는 차근차근 집을 짓는 것처럼 쌓아 나가야 하는데, 한순간에 꼭대기로 점프하려 한 것이다.

이제야 제대로 보이는 것들

지난 한때의 내 삶을 돌아보았다. 나와 내 가족만을 위해 치열한 사업을 했었던 그때를 떠올려 보았다. 나의 탐욕으로 인해 '돈이 내 옆에 붙어 있는 것이 싫었나 보다'라고 씁쓸하게 과거를 회상해 보았다. 돈은 나를 너무나도 잘 읽어내고 내 옆을 떠난 것이다. 제대로 된 이타심이 내 안에 자리 잡지 못했을 때 부를 축적하려는 나의 탐욕을 알아차린 것이다.

앞서 말했듯이 바닥까지 내려가 보니 그제야 보이는 것들이 있었다. 춥고 외롭고 소외된 자들 외에도 딱히 뚜렷한 로드맵이 없는 청소년들이 보이기 시작했다. 이들과 함께 내 인생의 끝점을 찍으려면 돈이 필요하다. 나만 잘 먹고 잘사는 이기심이 아닌 내 주변도 잘 돼야 한다는 이타심이 내 안에 자리 잡게 되었다. 인간에게 이타적인 마음이 없었다면 지금 우리가 함께하는 이 공동체는 존재할 수 없을 것이다. AI는 가질 수 없는 인간만이 느낄 수 있는 고유의 성질, '이타심'이 결여되어 자기 살기에만 급급하고 자기 욕심만 우선시한다면 이 세상은 어찌 될까?

다행히 나는 요즘 선한 기업가를 몇몇 만났고 이 세상이 그래도 아름다워 보인다. 이런 마인드로 살아가는 무렵 나를 서포트해 주는 좋은 분까지 만나게 되었다. 덕분에 사고의 유연성으로 남의 말에 진심으로 경청하고 공감하는 공급자의 마인드를 배워나가고 있다. 그래서 나는 인문학, 경제경영 등 나하고 평생 상관이 없을 거로 생각한 철학책까지 읽으며 함께 걸음마 수준으로 조금씩 배워나가고 있다.

부자가 되기에 가장 좋은 나이

《돈의 속성》의 김승호 저자는 "부자가 되기에 가장 좋은 나이는 50세 이후다. 젊은 시절에 부자가 되면 부를 다루는 기술이 부족하고 투자로 얻는 이익이나 사업으로 얻는 이익이 더 눈에 보여서 모으고 유지하는 능력이 가진 재산에 비해 약해진다. 결국 다시 가난해질 확률이 높다"라고 말한다. 나는 이 말에 위안을 받고 '늦었다고 생각했을 때가 가장 좋은 시기다. 깨달았을 때 움직이자'라고 나에게 스스로 재촉했다.

나의 실패에서 반추해볼 때, 돈은 사람이 쫓아가는 만큼 멀리 도망가는 것 같다. 돈을 돈의 값어치대로 대우하고 그 값어치에 맞게 쓰려는 마음을 먹을 때, 돈은 비로소 나에게도 또 타인에게도 매우 소중한 삶의 수단이 되어줄 것을, 나는 그간의 경험을 통해 배우고 또 깨닫는다.

가랑비에 옷 젖듯 푼돈에 돈이 마른다

푼돈 쓰다가 지갑이 텅 빈 어느 날

경제적으로 어려웠던 시절 나는 소비를 줄일 수밖에 없었다. 그런데 어느 날, 주방용품 중 필요한 게 있어서 1,000원짜리 쇼핑센터에 가게 되었다. 너무 다양하고 아이디어가 넘치는 제품들이 많아 눈이 휘둥그레졌다. 시간 가는 줄 모르고 한참을 쇼핑하며 이것저것 바구니에 담았다. 그 쇼핑센터는 워낙 저렴한 물건들이 많아서 아무리 비싸도 3,000원이 넘지 않았다.

물건을 담고 계산대에서 계산하는데 깜짝 놀랐다. 몇 개 사지 않은 것 같았는데 1만 원이 훌쩍 넘어 2만 원 가까이 나온 것이다. 나는 환불하고 싶었지만, 계산원에게 미안하기도 하고 또 뒤에서 줄 서 있는 사람들이 많아서 울며 겨자 먹기로 골라 담은 물건을 다 계산하고 가게를 나왔다. 집에 와서 쇼핑한 물건을 펼쳐놓고 보니, 계획하지 않았던 물건들이 여러 개 섞여 있었다. '아, 내가 이걸 왜 샀을까' 싶은 물건이 절반이 넘었다. 당시 1만 원도 아까웠던 내 형편에 내가 왜 그랬을까 후회가 막심했다.

버는 돈보다 적게 써라

부자 되는 공식은 버는 돈보다 적게 쓰는 것이다. 작가이자 강연자인 토머스 스탠리(Thomas J. Stanley)와 응용심리학자인 세라 스탠리(Sarah Stanley Fallaw)는 미국에서 자수성가한 수천 명의 부자를 40년간 관찰해 《이웃집 백만장자 변하지 않는 부의 법칙》(비즈니스북스, 2019)을 공저로 발표했다. 두 저자는 '부의 보고서'라 할 법한 이 책에서 부자들의 행동 패턴을 분석해 재산을 축적한 공식을 새롭게 검증해 내고 있는데 이들이 미국 부자 중 60퍼센트에서 발견한 경제적 성공의 가장 결정적인 요인은 바로 '절약'이었다고 한다.

내가 읽은 이 책의 가장 인상 깊은 문구는 '남보다 절제하고 남과 다르게 생각하라'였다. 이 말이 말해주듯 그들은 돈도 많이 벌지만 근검절약하고 어떤 물건을 사는 데 시간을 쓰기보다는 투자 계획을 세우고 예산 계획을 세우는 데 시간을 더 많이 쓴다고 한다. 그래서 나는 부자들의 습관인 '절약'에 집중해 보기로 했다.

이 책을 읽다 보니, 당시 1,000원짜리 쇼핑센터의 일이 떠올랐다. 부자든 평범한 사람이든 버는 돈보다 적게 써야 한다는 이 간단한 진리를 나는 미처 생각하지 못한 것이다.

생각의 전환이 필요하다

소비를 절제하지 못해 한 가정이 무너지는 사례를 본 적이 있다. 이웃에 살았던 부부에게 일어난 일이다. 그 집은 아내의 소비력 때문에 부부가 매일 다투고 싸웠다. 그 때문에 나는 옆집의 소음을 그대로 듣고 살았던 적이 있다. 그 집은 아내가 소비를 절제하지 못해 카드빚이 점점 늘어나 경제적으로 위기에 빠졌고, 남편은 투잡까지 해가면서 힘겹게 살아야만 했다. 아내가 주로 만나는 부류는 부유한 계층의 사람들이 많았고, 그 사람들과 소비를 비슷하게 맞추어 어울리다 보니 감당이 안 된 것이다. 소비를 통제하지 못하는 아내의 습관은 고쳐지지 않았고, 빚으로 허우적대던 그 가정은 결국 불행을 막지 못했다.

나 역시 가끔 물건에 대한 소유욕이 생길 때가 있다. 그러나 그럴 때마다 단기간을 절제하는 고통을 참아내면 장기간의 자유를 누릴 수 있다며 생각의 전환을 하고자 한다. '소비를 절제하게 되면 돈이 남는다', '버는 돈보다 적게 써라' 이 단순명료한 생각을 우리는 자주 잊는다. 그래서 소비하고픈 마음이 생길 때마다 나는 이 말을 떠올리며 생각을 전환한다. 돈이 남으면 저축이 가능해진다. 그리고 그 종잣돈을 불릴 수 있는 투자 기회도 더불어 생긴다.

분수에 맞는 그릇

지금은 작고하신 법정 스님이 한 유명한 말이 생각난다.

"행복의 비결은 적은 것을 가지고도 만족할 줄 아는 것에 있습니다. 자신의 분수를 헤아릴 줄 알아야 합니다. 자기의 그릇이 한 말짜리인지 한 되짜리인지 알아야 합니다. 자기 그릇에 알맞게 채워야지 넘치면 자기 것이 아닙니다. 넘치는 것은 모자라는 것만 못합니다. 넘친다는 것은 남의 몫을 내가 가로채고 있다는 것입니다. 남의 몫까지 가로챘기 때문에 넘치는 것입니다. 분수 밖의 욕심은 불행을 스스로 불러들입니다."

내 수입은 한 되짜리인데 지출을 두 되짜리로 한다면 그것은 남이 가져야 할 것을 내가 가로챘다는 말이 내게 큰 울림을 주었다. 법정 스님의 말씀을 듣고 나는 내 분수에 맞는 그릇을 생각하며 어떻게 소비를 해야 할지 깊은 생각을 하게 되었다.

이후 나는 물건을 적게 소유하면서 생활이 단순해지고 나중에 마음과 생각이 정리되어 오히려 삶이 더 풍요로워진다는 미니멀 라이프를 시작해 보기로 했다. 미니멀 라이프를 작게나마 실천해 보니 삶의 질을 한 단계 높여주는 생활 방식이라는 생각이 들었다. 최대한 가지고 있는 물건에서 늘리지 않으려고 애쓰자 무엇보다 집이 깔끔해지고 넓어지는 효과가 났다. 불필요한 물건이 그렇게 많았다는 사실도 뒤늦게 깨달았다. 물건이 없으면 그만큼 치울 일도 줄어든다. 가사 노동도 적어지자 정신 건강도 좋아졌다. 물건을 안 사도 되니 자연히 돈을 절약하게 되었고, 저절로 종잣돈이 조금씩 모이게 되었다.

그러나 나는 절약을 억지로 하려 하지는 않는다. 무엇이 되었든 억지로 하면 스트레스로 돌아오기 마련이다. 하지만 '미니멀 라이프'라는 삶의 방식을 실천한다고 생각하니 스트레스를 받지 않으면서도 절약을 하게 되는 효과를 누릴 수 있었다. 내겐 아주 안성맞춤인, 내 분수에 맞는 그릇이 바로 '미니멀 라이프'였다.

세 가지 기준의 절약 방법

'아나바다 운동'을 기억하는가? 아나바다 운동은 IMF 구제금융 요청 사태가 발생한 이듬해인 1998년에 등장한 운동이다. 당시 우리 국민은 불필요한 지출을 줄이기 위해 '아껴 쓰고, 나눠 쓰고, 바꿔 쓰고, 다시 쓰자'라는 운동을 시작했고, 이 운동의 좋은 취지가 확산해 너도나도 중고 물품을 서로 교환하고 자원을 재활용하려는 실천 운동에 동참했다. 나는 이 운동으로 알뜰 소비에 조금은 익숙해져 있는 편이라 절약이 참을 만했다. 돈이 새나가지 않게 막기 위해서는 물건을 사는 구매 결정 기준을 확실하게 갖는 것이 중요하다. 당시 나는 다음과 같은 세 가지를 꼭 생각하면서 물건을 구매했다.

✤ 있으면 좋은 것과 없으면 안 되는 것

있으면 좋은 것은 꼭 필요하지는 않다. 말 그대로 있으면 좋은 것이다. 이런 물건은 구매할 물건에서 빼야 한다. 없으면 안 되는 것은 꼭 필요한 것이니 구매해야 한다. 요즘은 '당근마켓'이라는 중고거래 애플리케이션을 많이 이용한다. 새 물건을 사는 것이 아니라 중고품을 사고 내가 사용하던 물건을 팔기도 하는 훌륭한 소비 습관이라고 생각할 수도 있다.

하지만 중고거래도 잘 이용해야 할 것이다. 쉽게 처리할 수 있어서 깊이 생각하지 않고 사고팔고를 너무 자주 하지는 않는지 점검해야 한다. 당근마켓이 익숙해지면 쇼핑하는 데 과감해질 수 있다. '아니다 싶으면 팔면 되니까'라는 심리로 비싼 물건을 과감하게 사는 것이다. 또 본인 취향을 사지 못하는 경우가 있으니 심사숙고하는 습관을 갖기 바란다.

✤ 대체할 물건이 없는지 한 번 더 체크

대체재는 바꿔 사용해도 비슷한 만족감을 주는 것이다. 가만히 따지고 보면 거의 대체재가 있었다. 예를 들어 앞머리를 자르러 미용실에 가는 대신 집에서 자를 수도 있고 헬스장에 가서 운동하는 대신 홈트레이닝을 할 수도 있다. 가전제품의 경우에 새로운 기능이 업그레이드된 물건을 사고 싶은 마음이 대부분이었다.

✠ 대형마트 쇼핑 자제

집에서 마트까지 이동하는 시간을 제외하더라도 대형마트는 동선이 크기 때문에 많은 시간을 보내게 된다. 대형마트의 결정적 단점은 계획보다 훨씬 많은 물건을 사게 된다. 그래서 특별한 경우가 아닌 이상 되도록 온라인 또는 동네 마트에서 장 보는 것으로 절약의 첫걸음을 실천하자. 그러면 계획적으로 필요한 물건만 사게 될 뿐만 아니라 물건을 고르는 시간도 단축된다.

이 세 가지 기준을 나는 지금까지 지켜오고 있다. 이 기준만 지켜도 소비 습관을 잡고 절약하는 데 큰 도움이 된다.

가랑비에도 옷이 젖는다

가랑비가 내리면 옷이 젖는 줄도 모르고, 우산 없이 길을 가다 집에 도착했을 때는 옷이 흠뻑 젖어 있는 것을 비로소 알게 된다. 나는 돈을 쓰는 일도 그렇다고 생각한다. 가랑비인 줄 알고 1,000원, 2,000원짜리 물건을 사다가 돈이 말랐던 기억이 강렬하게 남아 있기 때문이다. 돈을 나누는 마음이 소중하듯, 돈을 아끼는 마음도 매우 중요하다. 나는 이것을 1,000원짜리 한 장 아끼는 것에서 출발해야 한다고 생각한다. 절약과 소비는 따로 가는 것이 아니라 한 세트다.

세상은 평범한 사람들의 무대

그들의 모습이 정말 진짜일까

사람들은 남 얘기하는 걸 즐긴다. 모여서 하는 이야깃거리가 주로 '누구는 이랬다더라', '누구는 어떻더라' 하는 이야기가 대부분이다. 이야기의 소재도 대개는 남의 험담이거나 남이 잘된 이야기, 반대로 남이 잘못된 이야기다. 그런데 남의 이야기를 하는 사람들의 속내를 들여다보면, 주로 남을 부러워하는 마음이 내재한 경우가 많다. 그래서 남이 잘된 것을 시샘하거나 남이 잘못된 일에서 내 삶을 억지 위안하거나 하는 경우가 적지 않다.

특히 요즘은 대면하지 않고도 남의 사생활을 살펴보는 방법이 널려 있다. 모바일로 생활권이 옮겨오면서, SNS상에는 타인이 어떻게 하루를 보냈는지가 그대로 기록되어 공유된다. 스마트폰 화면으로 엿보는 타인의 삶을 보면서 부러움을 느끼며 심지어 질투심을 갖는 사람들도 자연스럽게 많아졌다. SNS만 보면 다들 취업도 잘 하고, 여행도 잘 다니고, 여유 있는 삶을 즐기는 듯 보인다. 다들 나보다 훨씬 풍족한 삶을 사는 것 같아 우울해진다. 그런데 SNS에서 보이는 그들의 모습이 과연 100퍼센트 있는 그대로의 모습일까? 부러움을 일으키는 그들은 과연 사람들이 생각하고 있는 만큼 가진 것이 넘쳐나고 삶이 마냥 행복할까?

보여주고 싶은 순간만을 기록한다

남이 나에게 보여준 모습이 전부가 아닐 수 있다. 예를 들어 축구 선수가 SNS에 올려놓은 사진은 골인한 멋진 하이라이트를 공개한 것이다. 그 선수는 분명 실수도 많이 했을 것이고, 코치에게 지적도 당하고, 연습이나 경기 중에 부상도 당했을 거고, 슬럼프도 겪었을 거고, 실력 있는 동료들에게 밀리고, 연봉 협상에 실패했던 적도 있었을 것이다. 그러나 SNS는 이러한 아픔과 괴로움들은 전혀 보여주지 않는다.

SNS는 그들이 가장 즐거웠던 장면만을 기록한다. 다녔던 곳 중에 멋진 장소, 맛있었던 음식, 친구들과 다정하게 노는 모습. 인맥을 알리고 싶은 장면도 단골로 올리는 소재다. 심지어 어울리는 사람의 레벨을 보여주고 싶어 배경에 고급 샴페인이나 고급 와인 잔을 놓기도 한다. 이처럼 SNS는 대부분 자랑하고 싶은 것만 공유한다. 그래서 SNS를 보는 우리가 알 수 있는 것은 과정이 아니라 결과일 뿐이다. 근사한 결과만 보기 때문에 다 좋아 보이고 아름다워 보이는 것이다.

나는 삶의 불행과 우울감은 남과의 비교에서 시작된다고 생각한다. 만일 내가 부러워하는 누군가의 삶이 있다고 치자. 실제 그 사람의 삶에 들어가 생활한다면, 나는 행복해질 수 있을까? 그 사람의 현실이 SNS에서 보는 것과 다르다면? 그때는 어떻게 할까? 현실은 아무도 모른다. 그 사람이 되어보기 전까지는.

설사 그 사람이 SNS에서와 동일한 삶을 살아서 내가 그 사람과 정말 비슷한 수준으로 소유하고 누리고 살 수 있다면? 그러고 나면 그때 나는 비로소 만족하게 될까? 그것 역시 장담할 수 없다. 비교하는 마음을 버리지 못한다면, 또 그 윗사람이 타깃이 되어 좇아가고 싶고 그러다 보면 끝이 없을 테니까. 남과 비교하는 삶은 스스로 인정하지 않고 더 나아가 나를 파괴하는 열등감을 자리 잡게 한다. 이 점을 깨닫지 못한다면 행복을 찾을 길은 영영 멀어질 뿐이다.

돈이 많아야 행복하다는 것

살면서 '돈'만큼 우리에게 고민을 안겨주는 것이 또 있을까?

살면서 돈에 대해 고민해 보지 않은 사람은 없을 것이다. 그런데 돈이 꼭 많아야 행복할까? 이 부분은 꼭 깊게 생각해 보고 짚고 넘어갈 일이다. EBS가 운영하는 유튜브 채널 'EBSCulture'에서 '돈이 많으면 행복할까?'라는 주제로 업로드된 동영상을 봤을 때 인상 깊었던 내용이 있었다. 영상에서는 두 가지 경우를 제시하며 어떤 것을 선택할 것인지 물었다.

- 당신은 한 해에 3천만 원을 벌고 다른 사람들은 그 절반을 버는 경우
- 당신은 한 해에 1억 원을 벌고 다른 사람들은 그 두 배인 2억 원을 버는 경우

영상 속 캐릭터는 위 두 가지를 놓고 갈등하다가 첫 번째를 선택했다. 액수 면에서 볼 때는 당연히 1억 원을 선택하는 것이 합리적인데도 말이다. 왜일까? 연봉 1억 원이라는 큰돈을 포기하고 3천만 원을 선택하는 것은 조금 적게 벌더라도 남들보다는 많이 갖는 것이 상대적으로 행복감을 느끼기 때문일 것이다.

미국의 경제학자 리처드 이스털린(Richard A. Easterlin)은 1946년부터 1970년까지 전 세계 30개국의 소득수준과 행복 관계를 조사한 결과 '일정 소득을 넘어 기본 욕구가 충족되면 소득이 더 증가해도 더 행복해지지 않는다'라는 사실을 발견했다. 소득이 일

정 수준을 지나게 되면 행복도가 그와 비례하지 않는 현상이 일어난다는 말이다. '이스털린의 역설'로 널리 알려진 이 논문의 연구 결과는 우리에게 많은 점을 시사해준다. 이스털린의 역설이 아니더라도, 나는 돈이 행복을 결정해 주지는 않는다는 사실을 경험에서 배워 알고 있다. 오히려 나의 행복은 돈이 많고 적음이 결정짓는 것이 아니라 나의 가치를 바라보는 관점에 따라 달라진다는 것을 나는 잘 알고 있다.

부자에 도전할 기회는 스스로

돈의 많고 적음이 우리의 행복을 결정짓는 유일한 기준은 아니겠지만, 그래도 돈은 우리가 살아가는 데 매우 필요한 도구이자 수단이다. 돈이 없으면 하고 싶은 것을 못하고, 필요한 것을 참아야 한다. 그것은 그 자체로 스트레스다. 돈이 많으면 크게 구애받지 않고 무슨 일이든 할 수 있고, 사고 싶은 것도 큰 고민 없이 살 수 있는 편리함이 있으며, 인간관계에서도 돈이 없는 사람보다는 유리할 것이다. 부자가 될 기회가 있다면 누구나 그 기회를 잡는 것을 마다하지 않을 것이다.

그런데 요즘 세상이야말로, 평범한 이들도 부자를 꿈꿀 수 있는 세상이 아닐까 싶다. 도전하려는 용기와 부지런함 그리고 끊임없는 노력이 있다면 불가능할 것도 없다. 이를 증명하듯 2022년

7월 1일 〈매일경제〉에서 "과일 장수도 회사원도 해냈네…티끌 모아 '꼬마빌딩 건물주'"라는 기사가 실렸다. 빌딩 건물주는 일반인에게는 넘보기가 어려운 영역인데 과일 장수, 미용원, 회사원이 빌딩 주인이 되었다니 무엇보다 제목이 내 시선을 끌었다.

기사 내용은 이러했다. 매일 날품팔이를 하며 힘겹게 살던 한 50대 남성이 지인의 도움으로 과일 장사를 시작했다. 그는 자신에게 주어진 마지막 기회라고 여기며 온 힘을 다했다. 그렇게 과일을 팔아 번 돈을 꼬박꼬박 은행에 저축해 불려 종잣돈을 마련해 그 돈으로 오프라인 과일 직영점 여섯 곳과 온라인 과일 쇼핑몰을 운영했다. 그렇게 모은 돈에 대출 7억 원을 받아 광진구 건대입구역 근처에 허름한 2층 꼬마빌딩을 매입하는 데 성공했다. 이 건물을 매입하는 과정도 결코 쉽지 않았지만 그 남성은 직접 발품을 팔고 입점할 업체를 일일이 연락하고 찾아다니면서 우량 임차인을 들여와 건물 가치를 높이는 무던한 노력을 했다.

이 기사를 읽고 나는 한참을 생각에 잠겼다. 돈을 무작정 좇는 것은 무모하고 어리석은 일이지만, 세상에 있는 기회를 놓치는 일 또한 어리석은 일이라는 생각이 들었다. 기사에 나온 것처럼 건물주가 되겠다는 거창한 꿈은 아닐지라도, 지금 내가 있는 자리에서 더 큰 도전을 해볼 용기는 내고 싶어졌다. 게다가 지금 세상은 마음만 먹으면 어떤 일에도 도전할 수 있는 시대가 아닌가. 그래서 부러워만 할 것이 아니라 나도 도전해 봐야겠다고 다짐했다. 계획과 목표가 뚜렷하고 간절하다면 꾸준하게 포기하지 않고 해나갈 수 있을 것이다. 부자가 될 기회를 스스로 마련할 수 있는 세상, 이제 세상은 평범한 사람들의 무대가 되었다고 생각한다.

나누는 마음에 돈은 절대적인 가치가 아니다

어린아이에게서 배운 작은 행복

나는 하루에 엘리베이터를 열 번 이상은 이용한다. 같은 엘리베이터를 이용하는 이웃들이 좁은 공간에서 말 한마디 하지 않고 숨소리마저도 조심스럽게 내쉬며 목적지를 기다린다. 그러던 어느 날 나는 한 여자 어린아이에게 큰 가르침을 받았다. 그날도 엘리베이터를 타려고 급히 서둘러 탔다. 그런데 내가 타자마자 "안녕하세요?"라며 밝고 귀여운 목소리로 나를 반겨주는 아홉 살 정도의 여자아이가 있었다. 나도 "어, 그래. 반가워"라며 웃으면서 대답해 주었다. 그 아이는 내릴 때도 웃으면서 "안녕히 가세요"라며 또 한 번 인사했다.

별것이 아니라면 별것도 아닌데 참 기분이 좋았다. 인사하는 태도를 보고 저렇게 예쁘게 가정 교육을 하는 부모님은 누굴까 보고 싶은 마음도 생겼다. 그리고 그날은 집안일을 하면서 내가 노래를 부르고 있다는 것을 알게 되었다. 그 기분 좋음이 반나절은 가는 것 같았다. 누군가의 작은 배려가 남에게 행복을 줄 수 있다는 것을 깨닫게 했다.

그 이후로 나는 엘리베이터 안에서 만나는 사람들에게 인사를 하려고 노력한다. "안녕하세요?", "오늘 하루 어떠세요?", "오늘 날씨가 너무 덥죠?", "이렇게 예쁘게 하고 어디 가세요?" 등 인사하면서 이웃과 작은 정을 나눈다. 그런데 인사를 하자 내게 먼저 좋은 기운이 올라왔다. 그 이후 내게 엘리베이터 인사는 루틴이 되었다. 별것 아닌 인사로 내 기분을 환하게 해주었던 어린 천사에게 배운 작은 행복 실천법인 셈이다.

어린이도 하나의 인격체

1923년 소파 방정환 선생님은 〈어린이〉라는 아동 잡지를 창간하면서 사람들의 주의를 끌기 시작했다. 방정환 선생님은 아이들도 '하나의 인격체'로 대해야 한다는 취지에서 나이가 적다는 의미인 '어린'이라는 단어에 존칭의 의미를 내포한 의존명사 '이'를 붙여 '어린이'라는 이름을 지었다고 한다. 그 당시만 해도 어린이는 단순히 어른에 종속되는 존재로 여겨졌다. 자연스레 어린이를 하대하거나 억압적인 태도를 행하기도 했다.

요즘에도 자기 아이를 소유물로 생각하는 부모들이 문제가 되는데, 과거에는 그런 생각이 당연시되었을 정도로 자기 '종속'으로 여기는 풍토였었다고 한다. 방정환 선생님 같은 여러 사람의 권익 운동 덕분에 오늘날에는 어린이를 보호하고 우대하는 풍토가 자리 잡게 된 것이 아닌가 생각한다.

5월 1일(현재는 5월 5일)을 어린이날로 지정한 사람도 방정환 선생님이었다. 어린이 문화와 인권 운동을 위해 선생님이 조직한 어린이 단체 '색동회'는 '씩씩하고 참된 소년이 됩시다. 그리고 늘 서로 사랑하며 도와갑시다'를 구호로 정해 '어린이 사랑'이라는 소중한 가치를 우리에게 남겨주었다.

그런데 오늘날 어린이들의 인격이 방정환 선생님의 의도대로 잘 보호받고 있을까? 어린아이는 보호받아야 한다는 풍토는 잘 자리 잡은 반면, 아이들의 놀 권리와 행복할 권리까지 잘 지켜지는지는 나도 100퍼센트 확신하기 어려운 게 사실이다.

이제는 동네에서 유명해진 어린이날 축제

이런 의미에서 서울 구로구에 있는 '서울참빛교회' 박순호 목사님은 어린이를 참되게 사랑하고 이를 실천하는 참 어른이라는 생각이 든다. 박 목사님은 2015년부터 한 해도 빠짐없이 매년

5월 5일에 동네 어린이들을 위한 행사를 치러왔다. 여러 가지 상황으로 인해 놀이동산이나 유원지를 비롯해 야외로 나가지 못하는 가족과 어린이들에게 꿈과 즐거움을 주어 지역 주민들과 함께 의미 있는 즐거운 시간을 만들기 위한 취지다.

이 행사의 규모는 족히 1,500만 원 이상의 비용이 들 정도로 방대하다. 서울참빛 교회가 감당하기에는 큰 비용이다. 서울참빛교회는 재정이 탄탄한 대형 교회가 아니기 때문이다. 그럼에도 온전히 교회 자체 예산으로만 열리며 이제는 동네의 행사로 든든히 자리 잡았다.

교회 신도들 가운데 이 행사를 위해 개별적으로 후원하는 이들도 있다. 7년 동안 한 해도 거르지 않고 2.000명이 넘는 사람들에게 아이스크림을 제공해 주는 이도 있다. 이 행사의 가장 큰 미덕은 교회에서 주관한다는 사실을 밝히지 않는다는 점이다. 박 목사님은 교회에서 주관하는 것을 알면 더 많은 이들이 참여하는 데 방해 요소가 될지도 모른다며 조용히 묵묵히 이 일을 해왔다.

2022년 7회를 맞은 행사에서는 '어린이 축제 한마당'이라는 큰 타이틀 아래 주제별로 가족 체험이 가능한 테마 부스를 열기도 했다. 먹거리 마당, 전통 마당, 대회 마당, 추억 마당, 축제 마당, 골목 놀이, 에어바운스 등 20여 개의 부스를 설치해 두더지 잡기, 농구 자유투, 단추 팽이 만들기, 전통매듭 만들기, 옛날 오락기 체험, 즉석 가족사진 촬영, 추억의 뽑기, 인절미, 아이스크림, 솜사탕, 핸드 페인팅, 딱지치기, 구슬치기, 무궁화꽃 게임 등 어린이들이 마음껏 체험하고 뛰어놀도록 했다.

특히 핫했던 게임은 2021년 넷플릭스에서 인기리에 방영한 드라마 〈오징어게임〉에 나온 '무궁화꽃' 게임이었다. 이 게임은 유아부터 장년층까지 다양한 세대가 참여해 인기가 대단했다. 모든 시설 이용은 무료이며 정한 개수 이상의 체험자에게는 선물도 주고, 대회 마당에서는 우수자에게 시상도 했다.

이외에도 교회 측은 코로나19로 한창인 2021년에는 지금까지 해왔던 대로는 못 하지만 그냥 넘어갈 수가 없어서 고민한 끝에 푸짐한 과자를 어린이들에게 선물하는 것으로 대체하기도 했다. 그렇게 2년 동안 야외 마당을 못하다가 2022년 5월에 다시 오픈했더니 어린이들이나 어른들이 얼마나 감격을 하는지 그 어느 해보다 열기가 뜨거웠다. 나도 이 행사에 늘 참석하는데 올해 축제에 함께했던 어른과 어린이는 약 2,300여 명이나 되었다고 한다.

오른손이 하는 일을 왼손이 모르게

이 행사를 하기에는 교회 신도들의 보이지 않는 수고로움이 참 크다. 행사를 위해서는 적어도 한 달 전부터 홍보를 시작해야 하며, 아파트 단지별로 현수막을 설치하고 각 게시판에 행사 포스터를 붙이고 초등학교 앞에서 아이들에게 홍보물을 나눠준다. 또 이웃 주민들에게 직접 홍보물을 전달하기도 한다. 부스별로 필요한 물품을 준비하는 데에도 꽤 신경 쓸 일이 많다. 큰 것부터 작은 것까지 꼼꼼하게 체크를 잘 해서 빠짐없이 준비를 철저히 해야 한다.

일주일 전에는 매끄럽게 진행하기 위해 부스 운영에 대한 리허설도 진행하고, 행사 전날 저녁은 현장에 부스 설치를 미리 해두어야 한다. 행사 당일에는 자원봉사자 200여 명이 참여해 땀을 뻘뻘 흘리며 봉사에 임한다. 이 가운데 6070 시니어들이 절반은 되는 것 같다. 나를 포함한 이들은 자신의 체력이 버겁지만, 그날만큼은 한마음으로 봉사에 임한다. 그리고 이번 자원봉사자 가운데 지난해까지 어린이로 우대를 받고 누렸으니 이제는 돌려주고 싶다면서 중학생 2명이 자원봉사자로 신청하는 따뜻한 사연도 있었다.

지금까지 박 목사님은 작지 않은 이 행사가 외부의 어떤 후원금도 받지 않고 교회 자체에서 모든 것을 하고 있다는 사실을 알리지 않고 해왔다. 그런데 7회 행사가 끝나고 동네 맘 카페에 이런 글이 올라왔다. 아마 행사에 참여한 어린이의 엄마인 듯한데 이제까지 이 행사에 참여하면서 당연히 정부로부터 보조금을 받고 하는 것으로 알고 있었는데 지금에서야 사실을 알고 많이 놀랐다는 내용이었다.

나의 작은 나눔이

이렇게 많은 어린이와 가족들에게 기쁨을 제공해 주는 일을 한 번도 아니고 수차례 동안 해 오면서 남모르게 조용히 봉사해 온 서울참빛교회와 목사님을 보며 나는 많은 가르침을 받는다. 사랑과 정은 나누는 마음에서 오는 것이라는 사실도 매번 느끼고 있다. 무언가 좋은 일을 하려 해도 돈이 없어 힘들다고 하는 말은, 어쩌면 핑계일지도 모른다는 사실도 박 목사님을 보면서 깨달았다. 작은 정성일지라도 서로 보태면 커지고 그게 하나의 힘이 된다. 서울참빛교회의 어린이날 행사가 7회까지 무사히 치러진 이유도 여기에 있다.

나눔을 돈이 있어야 할 수 있는 것으로 생각하지 않으면 좋겠다. 내가 아끼는 시간, 몸, 재능, 부드러운 말투, 밝은 표정 등으로 얼마든지 나눔 할 수 있다. 나의 작은 배려가 이웃에게 도움이 되고 감동과 희망이 될 것이며 나아가 이런 작은 실천이 지역사회 또는 더 나아가 인류 평화를 위해 헌신하는 일이라고 거창하지만 나는 확신한다.

5장

도전과 공부 그리고 행복 나누기

GIVING

나는 영원한 공부 중이다

인간다운 인간이 되기 위한 공부

50대 후반 무렵 우연한 기회로 새로운 사업을 접하게 됐다. 그러던 중 유튜브 영상에서 남다른 사업가를 보게 됐다. 40대 여성이었던 그분은 제품과 서비스를 세일즈 하는 스킬이 특별했다. 자신의 제품과 서비스를 무조건 좋다고만 하는 칭찬 일색의 보통 세일즈맨과는 달리 문제점도 지적하면서 장점도 어필하는 것이 더 신뢰가 갔다.

나는 곧장 이 사업가에게 전화를 걸어 파트너가 되고 싶다고 요청했다. 그러자 그녀는 나에게 1년 과정의 교육을 수강해야 자격이 주어진다면서 교육비를 제시했는데 그 당시 나는 수강료가 부담스러워 망설였다. 많은 고민 끝에 그 사업가에게 스킬을 배우고 싶다는 욕구가 강했기 때문에 수강하기로 결단했다. 이때 만난 사업가가 바로 '퍼스널 브랜딩'에 관한 책을 쓰기도 한 김민정 저자다.

내가 김 대표에게 배우고 싶었던 스킬은 클로징 스킬이었고, 김 대표는 클로징 스킬이라면 우리나라에서 둘째가라면 서러울 정도의 스킬을 갖춘 사람이었다. '클로징'이란 타인에게 내가 원하는 것을 행동하도록 설득해서 결단시키는 것이다. 이런 클로징 스킬은 세일즈 세계에서만 필요한 것이 아니라 우리 인생 모든 곳에서 필요하기 때문에 사실 누구나 배울 필요가 있다. 부부 관계, 부모와 자녀 관계, 교사와 학생 관계, 의사와 환자 관계, 목회자와 신자 관계, 친구 관계, 연인 관계 모두가 클로징 스킬이 필요하다.

클로징 기술이 좋으면 어떤 관계든 훌륭하게 유지할 수 있는 생존 무기가 된다. 나는 이 기술을 배우려는 마음에 들떠 수강을 신청했고, 실제 수강해 보니 의외로 경제경영, 철학, 인문학, 자기계발서 등 거의 모든 분야를 다루는 교육이어서 내게는 매우 신선한 경험이었다.

물론 처음에는 이런 교육인지 자세히 모르고 시작했다가 많이 혼란스러웠다. 1년에 책 한 권 읽지 않았던 내가 이런 전문 분야의 책 내용을 공부하려니 솔직히 힘들었다. 1년 6개월이 지난 지금은 많이 익숙해졌지만, 그래도 여전히 나에게는 쉽지 않은 도전이다.

이 비즈니스 수업에서는 지식을 쌓는 교육과 훈련도 받지만, 그보다 더 중요하게 여기는 것이 휴머니즘이다. 나만 잘 먹고 잘 사는 것이 아니라 저 깊은 내면에 있는 남을 진정으로 생각하는 본능을 끌어 올려 실행하게 한다. 이런 철학을 가진 김 대표의 코칭을 받아 사고의 유연성을 갖추게 되었고, 이후 나만의 프레임에 갇혀 있던 사고방식들이 하나씩 하나씩 허물을 벗고 나오기 시작했다. 상대방의 입장으로 들어가 생각하는 훈련을 받으며 상대의 고민, 갈등, 고통을 경청하고 공감하는 인간다운 사람으로 변화하는 과정을 공부하는 중이다.

새벽 독서로 시작하는 하루

나의 하루는 오전 4시 20분 기상으로부터 시작된다. 5시에 하는 새벽 기도회를 다녀온 후, 5시 30분부터 줌(Zoom)으로 진행하는 독서 모임에 참여해 1시간 동안 경영 코칭을 받고 있다. 이 모임은 흔히 하는 독서 모임과는 다르게 책을 읽고 서로 느낀 점을 이야기하는 것에 그치지 않는다. 주어진 책 내용을 읽고 참여해 한 사람 한 사람 피드백을 할 스피치 기회가 주어지는데, 이때 자신의 의견을 말하고 이를 비즈니스에 접목하는 것이 핵심이다.

이 독서 모임의 특이점은 모임 시간이 새벽 5시 30분이라는 점이다. 굳이 새벽 시간에 하는 이유로 김 대표는 자기통제력을 갖춘 사람과 그렇지 않은 사람을 거르기 위해서라고 말했다. 새벽 독서 리딩은 김 대표가 주도적으로 하며, 참석자들은 이날 나눴던 내용을 정리해 피드백 영상을 올리고 이날 배우고 느낀 점을 글로 정리해서 커뮤니티 카페에 올려야 한다. 주 3일 이상 참석하는 것도 의무다. 김 대표는 이 조건을 충족하지 못하는 회원은 탈퇴시킨다. 그 이유는 새벽 시간에 일어나고 과제를 수행하는 '자기통제력'을 상실한 사람이라고 판단하기 때문이다.

김 대표가 강조하는 철학은 '내가 알고 있다고 하는 지식을 입으로 말하고, 글로 표현할 수 없으면 그건 아는 게 아니다'라는 것이다. 새벽 시간에 일어나 멍때리는 것도 아니고 뇌를 엄청 굴려 사고하는 시간을 갖는다는 것은 쉽지 않다. 나 역시 처음에는 피드백을 말하는 게 많은 부담이 되었는데 이제는 전보다 조금 나아졌다.

지금까지 새벽 독서를 1년 6개월 해오면서 하루도 빠진 일이 없었다. 출근하지 않는 토요일 정도는 피곤하니까 하루쯤은 쉬고 싶다는 생각이 들 때도 있었지만 그런 날일수록 나의 브랜드를 만들어가는 데 반짝이는 꿀팁을 얻어갈 때가 많았다. 그래서 절대 쉴 수가 없었다. 이렇게 매일 피드백 영상을 찍고 배우고 느낀 점을 글로 쓴다는 것이 쉽지는 않았지만 이런 훈련이 밑바

탕이 되어 유튜버로 성장했고 지금도 책을 쓸 수 있는 발판을 마련했다고 생각한다. 똑같이 주어진 24시간을 좀 더 일찍 일어나 활동하니까 시간을 버는 느낌이 들며 일도 효율적으로 할 수 있어서 참 좋다.

노년을 위협하는 3대 재앙의 해답

'젊어서는 바빠서 죽겠고 나이 들어서는 심심해서 죽겠다'라는 우스갯소리를 들어본 적이 있다. 곰곰이 생각해 보면 우스운 소리로 들릴 수도 있겠지만 뼈 때리는 소리일 수도 있다. 노년을 위협하는 3대 재앙은 돈 없이 오래 사는 것, 병에 걸려 건강하지 못하게 오래 사는 것, 외롭게 오래 사는 것이다. 나는 이제까지 노년은 나와 별개라고 생각해 왔었는데 어느 날 갑자기 아차 싶은 생각이 들어 조금은 마음이 급해졌다. 60세가 돼 보니 '나도 70세, 80세가 되겠구나'라는 현실이 피부에 와닿았다.

3대 재앙을 대비하는 데 있어서 마음먹는다고 하루아침에 해결되는 것은 아니다. 이 3대 재앙을 어떻게 피할까 많은 고민을 했다. 고민 끝에 나름의 해답을 찾았다. 바로 '배움'이다. 요즘은 너무 빠른 속도로 변화하는 시대다. 이런 시대에 살면서 배우지 않고 내가 알고 있는 지식으로만 산다면 절대 3대 재앙을 피할 수가 없을 것이다. 공부라고 하면 따분하고 지긋지긋한 생각부터 드는 사람도 있을 것이다. 학창 시절 때의 공부는 시험이라는 검증시간이 주어져 공부 자체가 스트레스로 작용이 됐었겠지만 중년 이후의 공부는 시험이라는 관문이 없으니 배우는 게 재밌다. 물론 목적이 있어 배우는 그런 공부는 예외이긴 하지만 그렇지 않은 배움은 새로운 것을 알아가는 즐거움을 느끼고, 사회 변화를 좇아가는 원동력이 된다. 그리고 이를 통해 변해가는 나 자신에게 기대를 거는 일 자체도 큰 즐거움 중 하나다.

배우면 늙지 않는다

100세 시대에 사는 내가 60세쯤 은퇴한다 치자. 아니 요즘은 50대에 은퇴하는 경우도 많다. 은퇴하고도 30~40년 정도 더 살아야 한다. 이런 세상에서 배우지 않으면 뒤처져 도태된다. 그리고 배워야겠다는 큰 깨달음을 얻은 계기가 또 있었다.

유튜브 영상을 찍어 편집하는 과정에서 스스로 해결이 안 되는 부분이 자꾸 생겼다. 요즘 젊은 애들은 디지털에 능숙하니까 물어봐서 좀 더 퀄리티 있는 영상을 만들 계획이었다. 일단 아들에게 도움을 받아서 해 보려고 한 번 묻고 또 궁금한 게 생겨서 다시 물어보며 시도했다.

여러 차례 물어가며 하려니까 슬슬 아들의 표정이 일그러지는 게 느껴졌다. 아들은 "나도 안 해본 건데 잘 모르니까 엄마가 이렇게 저렇게 시도를 해봐서 해결해 봐"라고 했다. 이 말이 나를 움직이게 했다. 그런 고민을 하는 중에 5060 세대를 위한 유튜버(꽃중년유튜버) 강의를 전문적으로 하는 강사를 알게 됐다. 바로 등록해 수강했다. 수강 첫날 함께 수강하게 된 동기와 자기소개를 간단히 하는 시간이 있었다. 9명의 수강생 가운데 한 사람이 "딸한테 가르쳐 달라고 몇 번 물어보고 하다가 딸한테 퉁생이(퉁명스러운 핀잔) 먹었어요. 그래서 치사해서 온 거예요" 하는 말에 너도나도 서로 공감한다며 한참을 웃었다.

이렇게 꽃중년유튜버 강의를 통해 알게 된 유튜버들은 중장년 시기를 정말 값지게 사는 사람들이 많았다. 사실 이 나이 때에 있는 사람들 대부분은 남이 만들어 낸 콘텐츠를 보는 것으로만 시간을 즐기는데 강의를 함께 듣는 이들은 무에서 유를 창조하는, 예술 작품을 제공하는 공급자로서 멋지게 살아가고 있었고, 이에 나도 원동력과 큰 위안을 받았다.

배움에는 나이 제약이 없다. 21세기 배움의 길은 다양하다. 이렇게 배움을 통해 새롭게 도전해서 돈을 버는가 하면 나 같은 경우에는 화면으로 만나는 고객들에게 에너지를 공급하기 위해 나 자신을 관리하는 데에 소홀하지 않으려고 노력한다. 덕분에 건강도 챙겨서 좋고 고객과 소통하면서 가치 있는 삶을 살고 있어서 좋다.

노년 생활을 가치 있게 보내기 위해서는 무덤에 갈 때까지 배워야 한다. 그래야 대화의 단절이라는 벽을 허물고 소통하며 지낼 수 있어 어느 때보다 더 즐겁게 살 수 있을 것이고 외로울 틈이 없을 것이다.

원하는 것을 얻기 위해 버려야 할 네 가지 습관

무엇부터 버릴까

새로운 일을 시작하거나 새로운 일에 도전하려고 마음먹을 때, 사람들은 대개 '무엇'을 할까에 먼저 집중한다. 그래서 일단 현재보다 더 많은 것을 하려고 시도한다. 나 역시 얼마 전까지만 해도 열심히, 부지런히, 많이 하면 성공할 수 있다고 듣고 또 믿어왔었다. 하지만 근래 들어 내가 깨달은 한 가지 사실이 있다면 '더 하고 싶은 욕망'을 절제해야 새로운 것을 시작할 수 있다는 사실이다.

욕망을 절제해야 더 나은 성과를 얻을 수 있었고, 해야 할 것들을 찾는 것보다 포기해야 할 것들, 지금 하는 것들 중 방해되고 있는 요소가 무엇인지 찾아서 버렸을 때 더 만족스러운 결과가 나왔다. 그래서 우리에게 더 필요한 것은 지금 당장 버려야 할 습관, 지금 안 해도 되는 일, 하고 싶지 않은 일 등을 구분 짓는 것이 더 중요하다는 것을 알게 되었다. 따라서 필요한 일보다 불필요한 일을 찾는 게 우선이다. 욕망을 줄이는 것이 꿈과 목표의 크기를 줄이는 것이 아니다. 방해되거나 불필요한 것을 버려 성장하는 데 있어 중요한 추진력과 원동력을 키우는 것이다.

애플의 전 CEO 스티브 잡스(Steve Jobs)는 '심플함의 미학'이라는 경영 철학을 가지고 전 세계에 혁신을 일으켰다. 아마존닷컴의 설립자 제프 베조스(Jeff Bezos)는 원하는 것을 얻기 위해서는 포기해야 할 것부터 점검하라고 조언한다. 나는 이들의 공통된 성공의 비결은 무언가를 없애고 줄여야 한다는 것임을 발견하고 내가 하는 것 중에 불필요한 게 무엇인지 방해되고 있는 게 무엇인지 찾아봤다.

가끔 언론에서 보도되는 내용 중에 쓰레기를 버리지 않고 쌓아두는 저장강박증을 앓고 있는 사람의 얘기를 접한다. 불필요한 물건에 집착하는 게 이 병의 원인이라고 한다. 하지만 이런 질환이 그들에게만 있는 일일까? 물건이 아니더라도 살아가는 데 그다지 필요하지 않은, 어쩌면 쓰레기 취급을 받아도 될 만한 것들을 포기하지 않고 살아가고 있지는 않은지 나의 마음을 들여다보았다. 내 경우 지금 당장 무엇부터 정리해야 할까 고민하다가 다음 네 가지를 생각해 보았다.

✠ 인맥 정리하기

무엇부터 정리해야 할까 생각하다가 가장 처음 떠오른 것이 인맥 정리였다. 모두에게 좋은 사람이 될 필요는 없다. 그 사람을 떠올리면 내 얼굴에 미소가 머금어지는 사람이 있는가 하면 가슴이 답답하고 한숨이 나는 사람이 있다. 그다지 중요하지 않은 관계, 불필요한 관계는 오히려 나의 시간과 에너지 심지어는 돈도 빼앗아 간다. 약속할 때마다 늦는 사람, 남의 험담을 잘 하는 사람, 만나기만 하면 매번 술 먹고 과음해서 하루 이틀 힘든 시간을 보내게 되는 사람 등 이런 유형의 사람들은 나의 행복한 시간을 보장해 주지 못하는 관계다. 이런 관계는 아군은 아니어도 적으로 남기지는 않게 정리해야 한다. 가끔은 혼자만의 시간을 가지며 그 시간을 내 성장에 도움을 주는 시간으로 활용해 보자.

✠ 쓸데없는 말 버리기

두 번째 정리할 것은 쓸데없는 말을 버리는 것이다. 자기 말을 줄이고 침묵하면서 상대방의 이야기에 경청한다. 내 입장만 열심히 늘어놓으면 상대방에게는 잔소리로 들려진다. 그 자리에 함께 있다고 마음도 주고 있는 것이 절대 아니다. 상대방이 더 많은 이야기를 할 수 있도록 질문으로 이끌어 무슨 생각을 하고 있는지 들어주자. 이럴 때 상대방은 자기 이야기를 진심으로 듣는 나를 신뢰하게 된다.

나는 전화로 사업을 제안하는 일을 겸업하는데, 얼마 전 '콜드 콜'에 성공해 젊은 미혼의 미용업 사장을 만났다. 만나고 보니 그 사장님은 체형이 아주 컸다. 고도비만에 가까운 분이라, 첫날 미팅에서 내가 유통하고 있는 제품에 관한 이야기는 꺼내지 않았다. 내가 하는 말수는 최대한 줄이고 질문을 통해 상대의 답변을 들었다. 생활 패턴, 사고방식, 식습관, 가족관계 등의 이야기를 경청하고 공감으로 이어가는 가운데 아직 30대의 젊은 나이인데 당뇨라는 질병이 있다는 사실을 알았다.

그렇게 첫 미팅을 마치고 그날 저녁, 눈에서 그 사장님의 모습이 지워지지 않았다. 도와주지 않으면 안 되겠다는 생각이 들어 이튿날 다시 찾아갔다. "사장님, 제가 어제 계속 사장님을 떠올리며 생각했는데 '사장님이 만약 내 딸이었으면 어떻게 할까?' 고민을 밤새도록 했어요" 하며 진심으로 도와주고 싶다고 말했다. 진심이 통했던 것일까, 그분은 나의 도움을 받아 현재 문제 해결을 하고 있다.

만약 계속 내 입장만 설명했다면 진심이 전달되지 않았을 것이다. 말을 잘 하는 방법도 물론 중요하겠지만 진짜 성공하기 위한 강력한 무기는 바로 침묵이다. 말을 많이 하게 되면 실수할 확률도 그만큼 높아질 수 있다. 침묵하고 상대방의 이야기를 들어주고 필요한 말만 하는 것이 성공의 비결이다.

이는 비단 업무에서만 필요한 태도가 아니다. 일상에도 똑같이 적용되는 태도다. 나는 자녀에게나 남편에게나 잔소리를 많이 했었다. 가만히 따지고 보면 잔소리가 사실 다 맞는 말이다. 하지만 요즘은 잔소리하는 대신 침묵하면서 진심으로 공감하며 이야기한다. 그 이후로 가족관계가 더 좋아져서 행복하다.

✠ 무의미한 시간 버리기

세 번째로 버려야 할 것은 '무의미한 시간'이다. 해야 할 일은 많고 하고 싶은 것도 많은데 능력은 부족하고 자원도 부족하고 여력이 없는 환경이라면 우선 시간을 만들어 늘리는 일부터 시작해야 한다. 하루 24시간이라는 시간은 늘릴 수가 없으니 유익하지 못한 시간을 버려야 한다. 내 성장에 방해가 되는 만남은 없애고, 멍하니 보는 TV 시청을 끊고, 의식 없이 수시로 보는 스마트폰, 게임 등을 버려야 한다. 더 편하길 원하는 마음과 즐거움 이런 인간의 본능적인 것들을 충족시키려고 놓지 않고 잡고 있으면서, 성장하길 바라는 것은 절대 있을 수가 없다. 눈앞의 단기적인 편안함과 즐거움을 잡고 있으면 진짜 중요한 걸 잡을 손이 사라지는 것이다.

✠ 변명하는 습관 버리기

네 번째 버릴 것은 '변명하는 습관'이다. 모든 일에 따른 결과는 내가 책임지겠다는 마음가짐이 가장 중요하다. 그리고 어떤 일이 벌어졌을 때 책임 소재를 따지기보다는 해결책에 집중한다. 변명이나 환경 탓을 한다고 결과가 달라지는 것은 아니기 때문이다.

추억의 애니메이션 〈몬타나 존스〉는 여행가이자 모험가인 존스와 그의 일행이 유물을 지켜내면서 벌어지는 이야기를 담은 애니메이션이다. 유명한 명대사 하나가 생각난다. 몬타나 존스 일행은 우여곡절 끝에 유물을 지켜내고 반면 존스 일행을 피해 유물을 훔치려는 제로 경 일당은 유물을 훔치려다가 매번 실패한다. 작전이 실패할 때마다 제로 경은 조력자 니트로 박사를 추궁한다. 그리고 이때 늘 등장하는 대사가 있다. 바로 "변명은 죄악이란 걸 모르나! 이 녀석들"이라는 대사다.

〈몬타나 존스〉 작품의 배경과 상황을 떠나서 '변명은 죄악이라고 한 말'을 떠올려봤다. 일이 그릇되면 대부분 남의 실수, 남의 허물로 돌리려는 마음이 앞선다. 그러나 어떤 환경에서도 변명하지 않고 방법을 찾고자 하는 사람들은 결국 원하는 목표를 이룬다는 것을 보아왔다. 여러 자영업자를 만나다 보면 매출이 안 오르는 이유를 '날씨가 더워서', '비가 와서', '눈이 많이 와서', '정세가 불안해서', '경기가 안 좋아서' 등 모든 것을 남 탓, 환경 탓으로 돌리는 사람들이 많다. 그렇게 변명만 늘어놓으면 절대 해결책을 찾을 수가 없다. 변명하는 것으로 시간을 허비하지 말고 해결점을 찾기 위해 뛰어드는 멋진 사람이 되는 것은 어떨까.

포기라는 유혹을 견디기

포기하지 말라는 것이 말은 쉽지, 사실 포기라는 많은 유혹이 내 마음속에 도사리고 있는 것과 같다. 뚜렷한 목표가 있고 그 목표를 향해 가노라면 많은 장애물이 분명 있다. 웅덩이도 피해 가야 하고, 뱀이 나오는 산도 지나야 하고, 범람한 다리도 건너야 하고, 안개가 자욱해 길이 잘 안 보이는 곳을 지나가야 할 때도 있을 것이다. 그러나 나에게 불필요한 것이 뭔지 알고 그러한 습관을 버리고 거듭거듭 연습한다면 반복의 지루함을 이겨낸다면 많은 장애물을 능히 건너 결국은 원하는 것을 해내는 사람이 될 수 있을 것이다.

환경을 지키는 일은 생존을 지키는 일

너무 끔찍한 이야기

《두 번째 지구는 없다》(알에이치코리아, 2020)의 저자 타일러 라쉬(Tyler Rasch)는 대한민국에서 활동하고 있는 미국 출신의 방송인이며 세계자연기금(WWF) 홍보대사로 기후위기를 알리고 있다. WWF는 우리가 익히 알고 있는 '위기에 처한 북극곰을 정기후원으로 도와주세요'라는 슬로건을 내걸고 지구 온난화의 심각성을 알리는 단체다. WWF는 인간이 자연과 조화롭게 살아가는 미래를 만들기 위해 힘쓰고 있다.

타일러가 "다음 세대요? 본인의 세대라고요. 본인에게 해당하는 미래예요. 내가 기후위기를 목숨 걸고 알린다고 하기보다 내 목숨이 달린 문제라서 알리고 있는 거예요"라고 미소를 지으며 강연하는 것을 KBS 〈명견만리 플러스〉에서 듣고 나는 너무 놀랐다. 나는 평소에 환경보전에 좋은 영향을 주기 위해 개인적으로 작은 노력들을 해왔지만 이렇게까지 심각한 줄은 사실 몰랐다.

타일러는 본인이 다니는 시카고 대학교를 졸업하기 위해서 들어야 할 교양과목 중 기후위기에 관련된 수업이 있었다고 한다. 그 수업에서 필수 도서로 지정된 마크 라이너스(Mark Lynas)의 저서 《최종 경고: 6도의 멸종》(김아림 역, 세종서적, 2022)을 읽었다고 한다. 하지만 타일러를 포함해서 거의 모든 학생이 차마 그 책을 끝까지 읽을 수가 없었다고 한다. 그 이유는 너무 끔찍해서였다. 타일러는 너무나 충격을 받고 기후위기의 심각성을 알리고 싶었다고 하며 강연을 시작했다. 나는 이 강연을 듣는 내내 이 사실을 나만 알고 있는 건 아무 소용이 없다고 생각해 당장 그 책을 주문했다. 이 책을 빨리 읽고 우리 가족, 내 주변 사람들에게 알려야겠다는 강한 의지가 생겼다.

바로 나에게 해당하는 미래

"그때가 되면 지구상에 생명체가 없어요." 우리가 사는 지구의 평균온도가 1860년대부터 2016년도까지 약 150년간 1도 가까이 올랐다고 한다. 나는 한여름과 한겨울의 기온 차이가 40도 정도 되는데 그깟 1도는 그리 큰 문제로 보이지 않았다. 하지만

《최종 경고: 6도의 멸종》에서 말하는 모든 내용은 우리가 상상하기 싫은, 그냥 기후 재난에 대한 낭설로 밝혀지면 좋겠다고 생각할 정도로 끔찍하다.

지구의 평균온도가 1도 상승하면 북극 얼음의 녹는 속도가 너무 빨라져서 북극곰 멸종 위기가 온단다. 북극곰은 먹이사슬의 최상위 포식자이기에 생태계의 균형을 유지하는 데 중요한 역할을 한다. 이는 곧 북극곰의 위기가 북극 생태계만의 위기가 아니라 지구 전체의 위기라는 의미다. 지구 평균온도가 2도 상승하면 폭염으로 인한 열사병으로 수십만 명이 죽어 나가고 3도 상승하면 극심한 가뭄으로 '지구의 폐'라고 하는 아마존이 거대한 화재 발생으로 사라지게 된다. 그리고 4도가 상승하면 해수면 상승으로 미국 뉴욕 일대가 물에 잠기며 5도가 상승하면 가뭄과 홍수가 예외적으로 빈발해 정글이 모두 불타버린다고 한다.

마크 라이너스는 이런 일이 벌어지면 인간이 살 수 있는 지역이 너무 많이 사라져버리기 때문에 생존을 위한 전쟁이 일어날 것이라고 경고한다. 지구 평균온도가 6도까지 오르면 지구상 생물의 95퍼센트가 멸종된다고 하니, 최종 경고라는 이 책의 제목은 말 그대로 지구에 사는 사람들에게 보내는 최후의 통첩 같은 것이다. 저자는 기후에 관한 수백 편의 논문을 분석하고 정리해서 책을 집필했는데, 불행하게도 이 책의 내용이 15년 동안 하나하나씩 착착 들어 맞고 있다고 한다.

출간된 지 15년이 지난 한국어판 서문의 첫 문장이 나는 실로 절망적이었다. 저자는 이렇게 서술했다. “어떤 면에서 2021년이라는 시점에 쓰는 글은 기후 문제에 대한 최후의 낙관론일지도 모른다.”

그래도 우리는 여기서 더 이상 자연이 주는 신호들을 무시하지 않고 기온의 상승을 막아선다면, 탄소 배출을 제로로 만든다면 희망은 아직 남아 있다. 저자는 책을 통해 희망을 향한 싸움에 동참해달라는 간곡한 부탁을 한다.

플라스틱 보고서가 알려준 부끄러운 현실

기후변화의 심각성을 인식하고, 온실가스를 줄이기 위한 저탄소 생활을 실천하려면 우리는 어떤 것부터 해야 할까? 우리가 지구를 지키는 방법을 찾다 보면 생각보다 일상생활에서 할 수 있는 것들은 무궁무진하다. 나 역시, 몇 해 전부터 관심을 가지고 환경을 지키기 위해 생활에서 작은 실천들을 하고 있다.

여름엔 에어컨 온도를 2~3도 높여 사용하고, 겨울엔 집에서 긴 팔을 따뜻하게 입고 온도를 2~3도 내린다. 자가용보다는 대중교통을 이용하며, 양치할 때는 양치 컵을 사용하고, 세수할 때는 수도꼭지를 틀어 놓지 않는다. 또한 샤워 시간을 1분만 줄여도 많은 양을 절약할 수 있다고 한다. 변기 수조에 물을 채운 물

병을 넣으면 물 사용량을 줄일 수 있다. 요리할 때 냄비나 팬의 뚜껑을 덮고 사용하면 전기나 가스 사용량을 최대 4배까지 감소시킬 수 있다.

2020년 국제 환경보호단체 그린피스가 발표한 '일회용의 유혹, 플라스틱 대한민국' 보고서에 따르면 2017년 기준 국내에서 사용된 비닐봉지는 235억 개(46만 9,200톤), 페트병은 49억 개(7만 1,400톤), 플라스틱 컵은 33억 개(4만 5,900톤)에 달한다고 한다. 플라스틱 컵 33억 개는 지구에서 달까지 갈 수 있는 거리라고 한다(조재민, "국내 플라스틱 컵 사용량 연간 33억 개…쌓으면 달까지 닿아", 〈시빅뉴스〉, 2020. 1. 8.).

나는 한국인의 플라스틱 소비량이 세계에서 순위권 안에 든다는 부끄러운 기록을 보고 생활 속에서 일회용 사용을 자제하려 노력 중이다. 버리는 음식을 줄이기 위해 최소한으로 소분해 요리하는 것도, 포장하러 식당에 방문할 때는 빈 그릇을 챙기는 것도, 불필요한 물건을 사지 않는 것도, 내가 환경을 위해 실천하는 방법 중 하나다. 중고거래를 이용해 쓰지 않는 물건을 나누고, 재활용 분리수거 기준을 철저히 지키고, 리필제품을 사는 등 생활에서 지킬 수 있는 일은 얼마든지 많다.

환경을 지키기 위해서는 쓰레기를 줄이는 것이 제1원칙이다. 이를 위해서는 재활용 비율을 높여야 하는데, 환경부가 알려주는 분리수거 4대 원칙만 지켜도 지구와 환경을 위한 작은 나눔을 실천하는 행위가 되리라 생각한다. 분리수거 4대 원칙은 '첫째 비운다, 둘째 헹군다, 셋째 분리한다, 넷째 섞지 않는다'이다. 재활용 비율을 높이려면 잘 버리는 것이 중요하다. 그리고 조제약 대부분은 각종 화학적 합성 물질이 들어있기 때문에 일반 쓰레기로 버리면 토양오염이 되므로 주변 약국에 설치된 의약품 분리수거함에 배출해야 한다.

이처럼 일상생활에서 우리가 할 수 있는 것들이 참 많다. 우리가 하는 대로 우리의 아이들이 그대로 따라 배운다. 지구를 살리는 것이 우리 후손을 위한 일이 아니고 내가 살기 위한 일인 것을 꼭 기억하자. 시원하게 펼쳐진 바다, 높고 푸른 하늘, 울창한 숲, 이 아름다운 자연이 오늘도 내일도 내 곁에 있는 것이 당연한 게 아니라는 것을 나도 우리 아이들도 알아야 한다. 지구는 우리가 불편할수록 빨리 회복된다.

지구가 병들어 가고 있다

미국의 심장전문의이자 내과 전문의인 알레한드로 융거(Alejandro Junger) 박사가 자신이 겪었던 병을 돌아보면서 독소를 배출시키는 방법을 쓴 《클린》(조진경 역, 쌤앤파커스, 2010)을 읽게 되었다. 알레한드로 박사는 뉴욕에서 고된 의사 생활을 하면서 끼니를 대충 때우며 살아왔다. 직접 음식을 만들어 먹는 건 꿈도 꾸지 못해, 주로 음식을 사다 먹거나 자판기를 이용하거나 병원 식당을 이용했다. 그렇게 정신없이 살다가 병이 들었다. 바쁜 도시에서 의사로 사는 대가를 톡톡히 치러야만 했다. 몸무게가 늘고, 환절기만 되면 쉴새 없이 재채기하기 시작했고, 몸은 녹초인데 잠을 잘 수가 없었다. 여러 가지 검사를 한 결과 '과민대장증후군'이라는 진단이 내려졌다.

이 병을 계기로 그는 인도의 명상학교에 가게 되었고, 이때 지구를 살아 숨 쉬는 유기체로 보는 법을 배웠다. 지구를 유기체로 본다면 강은 지구의 동맥이고, 숲은 폐다. 산맥은 갈비뼈이고, 수십억의 사람들은 지구라는 유기체에서 사는 많은 종류의 세포들이라고 할 수 있다. 그런데 지구를 구성하는 세포의 한 종류인 우리 인간들이 무법자같이 행동하고 있다. 인간들은 나무를 마구잡이로 베어서 지구의 폐를 괴롭힌다. 인간들이 만들어내는 온실가스는 지구가 그것을 중화시키고 없애는 속도보다 훨씬 더 빠르게 쌓여가고 있다. 그 결과 균형이 깨지고 말았다. 지구가 병들기 시작했다.

대가를 치르고 있는 우리

알레한드로 박사는 이렇게 말한다.

"과학기술이 급속도로 발전한 오늘날에 아픈 사람은 더 많아지고, 병에 걸리는 환자들의 나이는 점점 어려지는 것 같다. 여러모로 봤을 때, 내 눈에는 아프지 않은 사람이 없었다. 지구는 열이 나고 있다. 현대의 서양의학에서는 열이 지속하면 먼저 '암'을 의심한다. 열이 난다는 건 어딘가에 문제가 있음을 의미한다. 지구에 흐르고 있는 액체와 기체의 화학적인 분석에 대한 검사 결과는 자못 심각하다. 오늘날의 공기를 호흡하고, 오늘날의 음식을 먹고, 오늘날의 도시와 교외, 시골에 사는 모든 사람이 내부에서 경험하고 있는 일반적인 상황, 좋지 않은 상태를 설명할 때, 나는 '독성'이라는 단어를 쓴다. 독성은 피할 길이 없다. 그리고 정도는 달라도, 누구나 그 대가를 치르고 있다."

나는 이 책을 읽고 나름 개인적으로 생각한 것이 조금 해소되었다. 나도 그렇고 주변 사람들도 흔히 그런 것을 봐왔다. 이상하게도 일상적으로 하는 혈액 검사나 다른 검사 결과는 항상 '정상'으로 나오는데 몸이 붓고 쉽게 피곤하며, 이유 없이 침울해지고 정신이 몽롱하다고 한다. 자꾸 가렵고, 재채기가 멈추지 않고, 변비, 불면증에 시달리는 경우도 부지기수였다. 이런 것들이 병 든 지구에서 사는 우리가 대가를 치르고 있는 것이라는 생각을 해본다. 지구와 모든 생명체를 위협하고 있는 것, 우리 모두가 책임져야 할 문제다.

환경을 지키는 게 가장 큰 나눔이다

유엔은 2015년 지구온난화의 주요 원인인 온실가스 배출량을 줄이기 위한 기후변화협약을 맺었다. 2020년부터 지구 평균 온도 상승을 2도 이내로 지켜내기로 약속한 것이다. 하지만 잘 지켜지지 않는다. 국가나 기업들에게 책임을 물을 필요도 있겠지만 소비자로서 우리 개인의 소비 패턴이 바뀌지 않는다면 해결되기 어려운 문제다. 소비자가 생산에서 재생까지 친환경적으로 이뤄진 인증마크가 있는 제품을 찾는다면 문제 해결이 가능할지도 모른다. 소비자들이 문제가 있는 제품을 선택하지 않으면 유통도 이뤄지지 않는다. 환경을 생각하는 기업에게 지갑을 여는 똑똑한 소비자가 되어야 우리 지구를 지켜나갈 수 있다. 이 기후위기를 극복하기 위해서는 단지 환경단체나 국가, 기업이 아닌 우리가 스스로 결정하는 현명한 선택이 필요하다.

생활습관이 몸에 배려면 오랜 시간이 지나야 하고, 또 지속적인 행동이 뒤따라야 한다. 이제 환경을 지키는 일은 모든 사람이 발 벗고 나서야 할 가장 중대한 '나눔의 행동'이 되었다. 게다가 이 일은 타인을 위하는 일 이전에 나 자신을 위한 일이 될 것이다.

행복을 만드는 나만의 열쇠

함께하는 것이 더 행복해

경제학과 정치학을 전공하고 '코펜하겐 행복연구소'를 설립한 후 삶의 질을 높이고 행복해지는 방법을 연구하고 있는 마이크 비킹(Meik Wiking)은 저서 《리케》(이은선 역, 흐름출판, 2019)에서 행복을 좌우하는 여섯 가지 행복의 열쇠를 다음과 같이 정의했다.

'공동체 의식, 돈, 건강, 자유, 신뢰, 친절' 이 여섯 가지 열쇠 가운데 내가 가장 많이 공감하는 것은 '공동체 의식'과 '친절'이다. 이 두 가지 요소야말로 지금 시대의 우리에게 가장 부족하면서 동시에 가장 필요한 행복의 요건이라고 생각하기 때문이다.

'1인 가구', '혼밥', '혼술', '혼영' 등은 많은 사람 사이에서 유행하는 행동이다. 혼자 무언가를 하는 사람들이 많아지면서 이런 신조어들이 자꾸자꾸 생겨나고 있다. 혼자 밥을 먹는 것에도 여러 장점이 있지만 나는 함께 먹을 때 훨씬 더 많은 장점이 있다고 생각한다. 혼자 먹을 때는 대충 먹는 일이 태반이나 여럿이 같이 먹을 때는 더 건강하게 챙겨 먹게 되고, 대화를 나누면서 더 천천히 먹게 된다. 또 함께 먹음으로써 정도 나눌 수 있게 되고 유대감과 소속감도 느끼게 된다.

이런 공동체 의식은 행복을 느끼는 데 큰 역할을 한다. 나 역시도 간단하게 차 마시며 관계를 맺은 사람보다 한 끼니의 밥을 함께 먹은 사람이 기억에 더 오래 남는 것을 느낀다.

소속감이 주는 행복

내가 고등학교 다니던 시절에는 고교야구가 최고의 인기 스포츠 반열에 올라 있었다. 당시엔 나도 고교야구 팬이었다. 계기가 된 것은 친오빠가 다니던 고등학교의 야구부가 전국에서 우승을 여러 번 해 실력을 인정받으면서부터였다. 당시 서울의 동대문운동장은 전국 각지에서 몰려든 야구 팬들로 늘 북적북적했다. 애교심과 애향심으로 이루어진 공동체의 위력을 나는 야구 경기에서 알게 되었고, 자연스럽게 야구의 매력에 푹 빠졌던 기억이 있다. 관중석에 앉아 한마음으로 소리를 질러대며 응원할 때면 온몸에 전율이 오는 것을 느꼈다. 열심히 응원하다 우리 편

선수가 점수를 내면 옆에서 함께 응원하던 사람과 껴안으면서 서로 좋아하기도 한다. 물론 그 사람은 그날 처음 만난 사람이다. 같은 관심과 의식으로 한 구성원이라는 소속감이 행복을 느끼게 했다. 나는 공동체의 위력을 알기에 내가 소속되어 있는 조직이나 단체의 구성원으로 성실히 내 자리를 지키는 일에 최선을 다하려고 노력한다. 이것이 나도 행복하고 남에게도 행복을 주는 행위임을 알기 때문이다.

나만 행복한 세상은 없다

1997년, 우리나라가 IMF 외환위기 사태로 심각한 경제 위기에 빠졌을 때, 온 국민이 금 모으기 운동을 했던 것을 기억할 것이다. 자신이 소유하던 금을 나라에 자발적인 희생으로 내놓은 운동이다. 집안에 고이 모셔두었던 금붙이들은 그냥 놔두면 저절로 값이 올라가는 재화인데도, 국민들은 저마다 장롱 깊숙한 곳에서 몇십 년씩 모아두었던 금을 꺼내 기꺼이 내놓았다.

나는 당시 공동체의 위력을 뼈저리게 실감했다. 그리고 아무리 힘들고 어려워도 서로에게 긍정적인 에너지를 주는 것은 공동체의 힘 말고는 없다는 것도 알게 되었다. 사람은 다른 사람들과 함께 있을 때 행복할뿐더러 관계 속에서 일어나는 경험으로 즐거워지고 삶의 가치를 느끼게 된다. 그 관계는 가족, 친구, 연인, 직장 동료, 팀원, 이웃 등 내가 속해 있는 공동체에서 일어난다. 그러니 우리는 '나'만 행복할 수도 없으며, '나'만 잘 살 수도 없다. 내가 속해 있는 공동체에서 관계 맺는 사람들이 행복해야 나의 행복도 가능하고, 또 오래도록 지속할 수 있다. '나'만 행복한 세상은 없다는 사실 하나만 알아도, 세상은 훨씬 따뜻하고 넉넉해진다는 사실을 나이를 먹을수록 절실히 느낀다.

남에게 베푼 친절이 나에게는 행복으로

하루를 시작할 때 즐거운 기분, 행복한 마음으로 출발하면 그 감정이 하루를 결정짓는다는 말이 있다. 아침에 기분이 좋으면 오늘 긍정적인 일이 있을 것 같은 기대감이 앞선다. 아침에 출근할 때마다 느끼는 일인데 엘리베이터에 탑승하고 내려가면서 아래층에서 탑승하는 이웃들이 점점 늘어나서 공간이 비좁아진다. 내려가는 중에 또 다른 층에서 이웃이 기다렸다가 타려고 하는데 먼저 탄 사람이 옆으로, 뒤로 조금만 물러나 주면 탈 수 있을 것 같다. 하지만 배려해 주지 않는 모습을 보면 안타깝다. 서로 바쁜 시간에 조금만 참아주면 너도나도 모두가 기분 좋은 하루로 출발할 수 있지 않을까 하는 아쉬움을 느낄 때가 종종 있다.

엘리베이터를 이용하는 사람은 같이 사는 내 이웃이다. 타인에게 베푸는 작은 친절이 그 사람의 하루를 기분 좋게 한다는 것을 안다면, 배려심 없이 하루를 시작하는 일은 없을 것이다. 나로 인해 다른 사람이 좋은 감정이 생기면 기쁨이 두 배로 돌아오는 경험을 많이 하게 된다. 내가 행복해지면 주변 사람들에게 더 너그럽게 대할 수 있다. 이렇게 행복이 잔잔하게 퍼져 따뜻한 공동체가 만들어진다고 본다.

나누는 일이 더 큰 행복을 준다

사람은 누구나 행복하게 살아가고 싶어 한다. 타인과의 관계는 얼마나 잘 지내는지에 따라 얼마나 행복한지를 결정짓는 중요한 요소가 된다. 행복은 주관적이다. 하지만 측정할 수 있다. 다른 사람을 돕는 행위와 우리의 행복은 깊은 관련이 있다는 연구 발표가 있다. 캐나다 심리학자인 엘리자베스 던(Elizabeth Dunn)은 자신을 위해 돈을 쓸 때 보다 남을 위해 돈을 쓸 때가 더 행복하다는 연구 결과를 발표했다. 엘리자베스 던은 아침에 직장인 46명을 만나 행복도를 측정한 뒤, 20달러(한화 약 2만 2천 원)를 주면서 그날 오후 5시까지 써야 하며 A그룹은 자신을 위해서만 쓰고 B그룹은 다른 사람을 위해서만 쓰라고 했다. A그룹은 갖고 싶은 물건을 사거나 세금을 내기도 했고 B그룹은 다른 사람 선물을 사주거나 기부를 했다. 나중에 행복도를 측정해 보니 A그룹보다 B그룹 사람들의 행복도가 더 높았다는 연구 결과가 나왔다.

남을 위한 이타적인 행동은 만족감과 자존감을 높여 긍정적인 효과로 행복도를 높인다. 나는 이 연구 사례가 확실하다고 한 표 던지고 싶다. 나는 스스로 약속한 일 중 하나가 매달 나보다 어려운 이웃에게 기부하는 것이라 실천 중인데 어떤 때는 그 돈이 아쉬울 때도 있지만 나의 행복을 만드는 일이라는 걸 매번 느끼게 한다. 돈으로도 행복을 살 수 있다. 남을 위해 쓸 때가 그렇다.

아직은 희망이 보이는 우리 사회

어느 날 유튜브 채널 '한문철 TV'를 통해 아름다운 사연을 접하게 되었다. 면접을 보러 가던 청년이 택시로 착각해 자신의 차에 탑승한 할아버지를 집까지 모셔다드리느라 면접 시간을 지키지 못했다는 사연이었다. 이 청년은 면접을 보기 위해 자차로 운전하며 한 도로 위를 달리고 있었다고 한다. 신호대기로 잠깐 정차하고 있을 때, 그 부근에서 택시를 기다리고 있던 할아버지가 청년의 차량을 택시인 줄로 착각해 탑승했다. "택시가 아니에요"라고 말을 해도 무작정 올라타더니 잘 알아듣기 힘든 어둔한 말투로 목적지를 말했다. 청년은 "택시 아닌데, 어휴 어르신"이라고 말을 해도 할아버지는 재차 횡설수설 목적지만 말을 해 급한 마음에 "댁이 어딘지 정확하게 말씀해 주시면 모셔다드릴게요"

라고 말했다고 한다. 그러자 할아버지는 목걸이를 내보여줬다. 목걸이에는 주소와 함께 '뇌졸중 1급 환자'라고 쓰여 있었다. 청년은 매몰차게 거절할 수 없어 할아버지를 집까지 모셔다드린 뒤 면접을 보러 갔다.

결국 청년은 면접장에 30분 늦게 도착했다. 면접관은 "시간 준수를 부탁드렸는데 늦게 왔네요"라며 인상을 찌푸렸다. 청년은 "제가 자초한 일이니 당연히 핑계라고 생각하겠지만 몸이 아프신 분을 보고 차마 모른 척할 수가 없었습니다"라고 면접관에게 상황 설명을 했고, 다행히 면접관이 이해해줘서 늦었지만 면접을 볼 수 있었다고 한다. 이후 청년은 1차 면접에 합격했다고 한다. 나는 이 영상을 보고 지금의 세상이 각박하다고 하지만 그래도 이런 이타적인 마음을 가진 젊은이가 있다는 것에 '아직은 희망이 있구나'라고 생각하면서 안도의 숨을 쉴 수가 있었다.

면접이라는 것은 생존이다. 이 중대한 면접이 우선일 텐데 그 상황에서 어떻게 남을 위한 일을 할 수 있었을까? 이 청년에게 박수를 보낸다. 한편으로 이러한 상황을 이해해 주고 면접에 응할 수 있게 한 면접관에게도 박수를 보내고 싶다. 이런 아름다운 이야기가 주변에서 많이 들려오면 좋겠다. 청년은 면접 시간을 어기면서까지 남을 돕는 일에 최선을 다해 분명 행복했을 것이다.

시간은 나와 남을 돕는 가장 유용한 도구

나도 모르게 남을 돕고 있다

살아가면서 자신이 원하든 원치 않든 남을 전혀 돕지 않고 사는 사람은 단 한 명도 존재하지 않는다. 남을 돕겠다고 마음먹고 한 일이 아닌데도 자기도 모르게 남을 돕기 마련이다. 사소하게는 지하철에서 오른쪽으로 줄지어 걸어가는 단순한 행동 하나도 반대편에서 오는 사람에게 길을 터주는 셈이 되어 남을 돕는 일이고, 보는 사람이 없는데도 공중도덕을 지키는 일 또한 공동체를 위한 일이니 큰 틀에서는 남을 돕는 일이라 할 수 있다.

시야를 좀 더 다른 쪽으로 확대하면 오직 나 자신의 이익을 추구해 돈을 번 행위도 세금 납부를 통한 세수 확대에 이바지하는 것이라 국가 경제에 보탬이 되는 일이라 할 수 있다. 그렇게 확보된 국가 재정은 복지제도를 통해 누군가에게 경제적인 혜택으로 돌아가게 된다.

이처럼 자기 자신의 이익을 위한 것이 누군가를 돕는 경우도 있을 테고, 어쩌면 정말로 타인을 위하는 순수한 이타심으로 누군가를 돕는 사람도 있을 것이다. 어찌 보면 인간의 특징은 모든 사람이 누군가를 도우며 살아간다는 점일 것이다. 그런데 남을 돕고 싶은 마음에도 준비와 태도가 필요하다고 한다. 시간은 누구에게나 공평하게 24시간이 주어진다. 매일 주어진 시간 안에 남을 도울 수 있는, 간단하면서도 효율적인 방법을 찾아보자.

우리는 잘 자야 잘 돕는다

수면의 질이 낮을수록 다른 사람들을 돕고자 하는 의지가 감소한다는 재밌는 연구 발표가 있다. 2022년 8월 23일 영국 일간지 〈가디언(The Guardian)〉에 따르면, 미국 버클리 캘리포니아대 연구진은 수면 부족이 초래할 수 있는 다양한 악영향을 규명한 연구 결과를 발표했다고 한다.

불충분한 수면이 비만, 당뇨병, 심혈관 질환, 우울증과 불안 등의 부정적인 건강 상태를 초래할 수 있다는 것은 익히 알려진 사실이다. 이 연구에서는 수면 시간이 1시간이라도 부족하면 서로를 돕고자 하는 인간의 타고난 욕구가 감소한다는 연구 결과가 나왔다. 연구진은 160명의 참가자를 대상으로 다른 사람을 돕겠다는 의지의 관련성을 조사했다.

참가자들은 '나는 타인을 돕기 위해 멈출 것이다', '나는 그들을 무시할 것이다'라는 다양한 상황에 관한 질문에 대해 응답했다. 이어 그중 24명을 하룻밤 동안 잠을 안 재우고 난 뒤 같은 질문에 답하게 했다. 그 결과 수면이 부족할 때 다른 사람을 돕고자 하는 열의가 78퍼센트나 감소한 것으로 나타났다.

아울러 "수면 부족은 도움을 요청하는 사람이 낯선 사람인지, 가까운 친척인지에 상관없이 다른 사람을 도우려는 의지를 약화했다. 수면 손실은 반사회적이고 도움을 거부하는 행동을 촉발한다"라고 쓰여있었다. 다만 수면이 충분해지면 이타성도 다시 회복되는 것을 모든 실험에서 확인했다고 밝혔다.(이보배, "'수면 부족' 이렇게 무섭습니다…1시간만 덜 자도 생기는 일", 〈한국경제〉, 2022. 8. 24.)

우리는 숙면하지 못한 날은 예민해지고 만사가 귀찮게 여겨지는 경험을 한 적이 있을 것이다. 충분히 숙면이 건강에 도움이 되기 때문에 더욱 관심을 가져야 하겠지만, 수면 부족이 사람의 이타적인 본능과 사회성마저 앗아간다고 하니 수면 시간 확보가 곧 남을 돕는 초석을 쌓는 일이라는 사실을 기억하면 좋겠다.

고독을 즐길 줄 아는 것이 남을 돕는 일

혼자 지낼 줄 모르면 누군가를 괴롭히게 된다. 나이 들면서 가장 걱정되는 게 무엇인지 물었을 때 대부분 외로움과 경제력을 꼽는다. 나는 외로움에 대해 좀 생각해 보고 싶다. 외로움이라는 것은 나이 든 사람만의 문제가 아니다. 전 연령층은 물론이고 청소년기에도 무관하지 않다. 특히 청소년들 사이에서 만나지 말아야 할 친구인데도 외로움 때문에 매달리고 너무 기대어 부작용이 따르는 관계를 종종 볼 수 있다. 외로움을 피하려다가 더 휘둘리고 본인 자신이 약해진다.

영국 최고의 지성으로 불리는 세계적인 정신분석학자 앤서니 스토(Anthony Storr)는 저서 《고독의 위로》(이순영 역, 책읽는수요일, 2011)에서 "인간의 거의 모든 불행은 고독할 줄 모르는 데서 온다"라고 말했다. 나는 이 말에 백 번 공감한다. 또한 그는 보다 평화롭고 행복한 삶을 위해 자기에게로 떠나는 여행을 권유한다. 자신만의 고독한 활동을 통해 얼마든지 삶의 가치와 행복을 느낄 수 있다. 혼자 일기를 쓰거나, 음악 감상을 한다거나, 차 마시며 즐긴다거나, 취미활동을 하거나, 정원을 가꾸거나, 투자하는 일에 집중하는 등 인간관계 이외의 것에서 삶의 중요한 가치를 만끽할 수 있다.

혼자 있는 능력은 어린아이들에게도 필요하다. 혼자 있는 시간을 즐길 수 있을 만큼 자랐을 때 그런 시간과 기회를 갖도록 해주는 것이 바람직하다. 그 시간 속에서 아이들은 상상하기를 즐기고 창의적인 잠재력을 기르게 된다. 나이가 들수록 혼자 있는 능력은 점점 더 크게 요구된다. '외로움'을 다른 사람과 단절되는 것을 견디기 힘들어하는 느낌이라고 본다면, '고독'은 나 자신이 외로움을 선택한 것이라고 본다. 고독은 혼자의 시간을 즐길 줄 아는 것, 혼자의 시간에 깊게 사고할 줄 아는 것이다. 혼자의 시간을 즐길 줄 모르면 결국 '자신'을 괴롭히게 된다.

나이 들어서 혼자 있는 시간을 두려워하는 이유는 함께 하는 이가 없을까 봐, 아플 때 또는 죽을 때 혼자면 어떻게 하나 하는 걱정 때문이다. 혼자 있는 게 외롭다고 배우자나 친구를 찾지만, 그들이 먼저 가 버린 경우는 어떨까. 나는 이런 사람들을 많이 봐왔다. 혼자 밥 먹을 줄 몰라서 누군가가 챙겨 줘야만 먹는 사람, 작은 일에도 찾아와 주지 않는다고 불만을 호소하는 사람, 이처럼 혼자 있는 시간을 즐기지 못하면 누군가의 시간과 관심을 애걸하게 된다.

거기다가 성격까지 까칠하다면 가족이나 주변 사람들이 괴로울 수도 있다. 아니, 자신의 곁에 아무도 남아 있지 않을 수도 있다. 고독은 두려움이 아니라 능력이다. 특히 나이가 들수록 우리는 혼자 있는 능력을 통해 자신의 내면을 온전히 들여다볼 필요가 있다. 종교를 통해 신과의 동행함을 느낄 수 있고, 취미 생활, 봉사활동, 반려동물과 함께 하는 시간으로 자신의 힘을 키우고 삶의 질을 높일 수 있다. 고독할 줄 알아야 나도 행복하고 남을 돕는 일이 된다.

부족한 나를 보여주는 것

내가 유튜버로 활동하는 이유 중 하나는 남을 돕고 싶다는 이타심에서도 동기유발이 됐다. 다행히도 요즘 트렌드가 완벽함에 반응하지 않는다는 것이 나를 움직이게 한 것일지도 모르겠다. 누가 봐도 허접하고 부족한데, 지극히 인간적인 모습을 있는 그대로 보여주는 것에 박수를 보내주는 것이다. 그러기에 실수도 하고 실패도 하는 꾸밈없는 일상을 보여주는 것에 더 용기를 내서 하고 있다.

내가 시간을 투자해서 올린 영상으로 사소한 정보지만 누군가에게는 미흡해도 조금의 도움은 될 것이라고 생각한다. 그리고 제2의 인생을 위해 새로운 일에 도전하는 내 모습을 보면서 누군가에게는 '나도 할 수 있겠다'라는 자신감을 불어 넣어 줄 수도 있을 것이라는 생각이 들었다. 유튜브 제작하는 일을 하다 보니 새로운 지식을 배우거나 얻을 수 있는 쏠쏠한 재미도 있다.

꼭 어느 시설에 가서 시간을 내어 봉사활동에 참여해야만 남을 돕는 일이 아니다. 평소에 내가 하는 일이 남을 돕는 일이라고 생각된다면, 그 일을 꾸준히 최선을 다하는 것이 좋겠다. 나에게는 내가 하는 이 유튜버 활동이 남에게 도움을 줄 수도 있을 뿐 아니라 노년이라는 나이에 혼자만의 시간을 유용하게 보낼 수 있는 취미 생활로 최고인 것 같다.

재능을 기부하자

재능 기부는 재주 있는 사람만 하는 것일까? 나는 절대 아니라고 생각한다. 반찬 만드는 솜씨가 좋으면 복지관에 가서 급식 봉사를 해도 좋고, 청소하고 정리하는 데 일가견이 있다면 또 그 재주를 쓰면 된다. 내가 잘하는 것, 내가 좋아하는 일로 남을 돕는 일을 하는 것, 그것이 진정한 재능 기부일 것이다.

나는 2022년 8월 5일 SK브로드밴드 지역채널인 〈우리동네 B tv〉에서 '방충망 설치해드려요…어려운 이웃을 위해 재능기부'라는 따뜻한 소식을 전해 들었다. 여름 내내 폭염으로 힘들어하는 사람들은 대개 에어컨이 없는 저소득층 사람들이다. 그런데 그런 이들은 대개 방충망도 갖추지 못한 집에 사는 터라 창문조차 열지 못한다고 한다.

폭염에 에어컨도 없는데 창문마저 닫고 살아야 하는 것은 고역이다. 게다가 대부분 홀로 지내는 노인들이 많다. 그래서 이 소식을 들은 인천의 어느 한 대학교 전기과 교수와 학생들이 어려운 이웃들에게 방충망을 설치해 주는 재능 기부를 했다는 내용이었다. 이 봉사자들로 50여 가구가 웃음을 찾았다고 한다.

그중 반지하에 홀로 거주하고 있던 80대의 어르신은 "방충망을 설치해준 봉사자들 덕분에 문을 열어놓고 지낼 수 있게 돼서 너무 감사해요. 벌레도 안 들어오고 바람이 잘 통해서 좋아요"라며 감사 인사말을 전했다. 봉사단은 방충망 설치뿐 아니라 노후된 전기 시설도 점검하고 보수하는 등 재능 기부를 했고, 이를 통해 뿌듯함을 느껴 본인들도 크게 기뻐하는 모습을 봤다.

나의 재능 기부 품목이라면 단연코 '악기'다. 교회의 예배 반주로 재능 기부를 한다. 수년간 재능 기부를 하고 있는데 특히 새벽예배는 부담되고 어렵지만 누구나 쉽게 할 수 있는 일이 아니기에 더 성실히 하려고 노력하고 있다. 앞서도 말했듯, 전문적인 지식, 기술이 있어야만 재능 기부를 할 수 있는 것은 아니다. 주변의 여러 루트를 통해 찾아보면 각자 참여할 수 있는 재능 기부가 있을 것이다.

내가 가진 사소한 재주가 누군가에게 도움이 된다는 것은 생각만 해도 가슴 설레는 일이다. 더 나은 사회를 만들어가는 것은 이렇게 작고 사소한 데서부터 출발한다고 믿는 사람들이 늘어나는 것에서 시작될 것이다. 그렇다면 우리는 좀 더 따뜻하고 포근한 세상에서 살아갈 수 있을 것이다.

6장

내일을 열어주는 일곱 가지 마음 찬스

GIVING

네 가지 훈련으로 멘탈을 단련시켜라

강한 멘탈을 유지하는 방법과 효과

멘탈(Mental)은 생각하거나 판단하는 정신을 뜻하며, 정신력은 정신의 힘을 이야기한다. 다시 말해 힘들고 괴로운 일이 있어도 흔들리지 않으며 평정심을 유지하는 능력인 것이다. 멘탈이 강한 사람은 주변 환경에 영향을 덜 받지만 멘탈이 약한 사람은 그렇지 못하기 때문에 연습 때는 잘하지만 실전에 약한 모습을 보일 수 있다. 그렇기 때문에 나는 무엇을 하든, 세상을 살아가는데 가장 필요한 것이 강한 멘탈을 유지하는 것이라고 생각한다. 멘탈만 단단하게 뿌리 내린다면 어떤 역경이 오고 어떤 어려움이 와도 다시 일어서는 힘을 발휘할 수 있기 때문이다. 멘탈 강한 사람이 끝까지 살아남는다는 것이 삶의 법칙임을 알기에 나는 늘 강한 멘탈을 소유하기를 꿈꾼다. 그러면 어떻게 하면 강한 멘탈을 가질 수 있을까? 나는 늘 그것이 궁금했다. 내가 깨달은 강한 멘탈의 유지 조건은 다음에 나오는 네 가지다.

✠ 주변을 의식하지 않는다

내가 생각하는 강한 멘탈의 제1요소는 주변을 의식하지 않는 것이다. 외부의 시선이나 남의 말에 신경 쓰다 보면 자기 일에 집중하는 데 방해가 될 뿐만 아니라 내면의 소리를 듣기가 어렵다. 그렇게 되면 일의 효율성이 떨어진다. 이런 적이 있었다. 어느 한 자영업자에게 '콜드콜'을 했다.

"안녕하세요? 1인 사업을 하는 ○○○입니다. 사장님께 사업 제안을 좀 하려고 전화 드렸어요. 내일 방문해서 말씀드리려고 하는데 오전에 시간 괜찮으실까요?"

"관심 없어요."

상대방은 들어보려고도 하지 않고 단칼에 거절했다. 나는 나의 서비스와 제품이 최고임을 확신하기 때문에 거절하는 상대방에 대한 안타까운 마음이 컸다. 그래서 그 이튿날 거절한 사장님을 무작정 찾아갔다. 방문을 허락받지 않은 사람이 무턱대고 찾아간다는 것은 얼굴에 철판을 깔지 않고는 할 수 없는 행동이다. 만약 남의 말에 의식하는 마음이 크게 자리 잡고 있었다면 그렇게 하지 못했을 것이다.

내가 이렇게 무작정 찾아갈 용기를 낼 수 있었던 것은 주변을 의식하지 말고 내 목표대로 밀고 나가자고 결심했기 때문이다. 그리고 의외로 다른 사람들은 내가 생각하는 것보다 나에게 많은 관심이 없음도 알았기 때문이다. 이처럼 남을 지나치게 의식하는 습관을 버리면 많은 도전이 가능하다.

나는 주변의 시선을 의식하는 습관을 극복하기 위해 특별한 훈련을 했다. 내 유튜브 콘텐츠 영상을 혼자만 있는 조용한 공간에서 찍지 않고 사람들이 지나다니는 길에서 찍기 시작한 것이다. 처음에는 사람들의 시선이 무척 신경 쓰였지만, 시간이 지나자 그들은 나한테 크게 관심을 두지 않는다는 사실을 느꼈다. 그리고 그 사실을 알게 되자 그냥 내가 계획한 일을 하면 되었다. 나는 이런 경험으로 인해 얼굴이 점점 두꺼워지는 중이다.

✠ 긍정적으로 바라보는 마음 훈련

강한 멘탈의 두 번째 요소는 극한 어려움과 상황을 긍정적으로 바라보는 마음 훈련을 하는 것이다. 스포츠 심리 분야에서는 평소 잘 하던 선수가 경기를 앞두고 불안과 심리적 압박을 느끼는 것을 완화하기 위해 '메타인지'를 높이는 훈련을 한다고 한다. 메타인지는 인간만이 가지고 있는 특성으로 자기의 생각을 바라보는 '상위 생각'이다. 쉽게 말하자면 '나를 바라보는 또 하나의 눈'이라고 할 수 있겠다.

'내가 생각한 것이 맞는지', '내가 이 일을 하는 게 어려울지', '이 상황에서 이렇게 대처하는 게 맞는지' 등의 질문을 나에게 해 보는 것이다. 뛰어난 메타인지 능력을 가지면 알맞은 시기에 실행하며 효과를 빠르게 가져갈 수 있다. 왜냐면 자신의 능력과 한계를 정확히 파악해 시간과 노력을 줄여주므로 효율성이 높아지기 때문이다.

나는 메타인지를 높이기 위해 독서에 치중하고 있다. 어떤 상황이나 실패 앞에서도 '어떻게 반응해야 할까'를 재인식하는 사람과 그렇지 않은 사람의 차이는 크다. 사업이 망한 극한 상황에 '난 정말 사업 능력이 없나 봐' 하고 자책하는 사람이 있고 '도대체 무엇을 잘못했을까?' 하면서 다시 성장할 기회로 분석하는 사람이 있다.

나는 이 차이점의 해답이 책에 쓰여 있다는 사실을 깨달았다. 하루에 한 장이라도 좋다. 항상 손에 책을 놓지 않는 습관을 만들어 보자. 책 속에는 나의 스승이 있다. 책에서 나무라는 소리는 잔소리로 들리지 않기 때문에 적극적으로 받아들여진다. 독서는 생각의 근육을 키워준다. 생각의 근육이 커지면 크게 영향받을 것을 적게 영향받을 수 있다. 그때그때 상황에 따라 대처하는 능력이 생기기 때문이다.

✠ 운동은 절대적이다

강한 멘탈을 유지하는 데 빼놓을 수 없는 세 번째 요소는 운동이다. 찬찬히 주위를 둘러보라. 자기 분야에서 롱런하는 사람들, 시대의 흐름을 잘 타는 사람들, 생각이 남다른 사람들 등 대부분 자기 관리에 철저하다. 이는 곧 자기 통제를 잘한다는 의미와 연결된다.

경영 컨설턴트 회사의 대표이기도 한 한근태 저자는《몸이 먼저다》(미래의창, 2014)라는 저서에서 "몸은 겉으로 보이는 마음이다. 마음 상태를 보면 그 사람의 몸 상태를 알 수 있고, 몸 상태를 보면 그 사람의 마음 상태를 알 수 있다. 몸은 늘 현재에 머문다. 현재의 나를 속일 수가 없다. 몸을 돌보지 않으면 가장 먼저 자신이 피해 입는다. 이어 주변에 민폐를 끼친다. 몸을 돌보면 몸도 당신을 돌본다. 하지만 몸을 돌보지 않으면 몸이 반란을 일으킨다"라고 썼다. 한 저자는 바쁘고 잘나갈수록 몸을 먼저 생각하는 것이 무엇보다 중요하다고 강조하고 또 강조한다.

사람은 잃어버린 것에 관심이 크다. 청년은 건강에 그다지 관심이 없지만 중년 이후의 사람들은 건강에 관심이 크다. 세상의 많은 것들은 잃어버려도 다시 사거나 다른 것으로 대체할 수 있다. 하지만 건강만큼은 다시 찾기가 너무나 힘들다. 아니, 때로는 불가능한 경우도 생긴다. 운동은 모든 것한테서 잠시 떨어져 온전히 내 몸과 만날 수 있는 시간이다. 건강해야 스트레스도 이

겨낼 힘이 생기고, 외모도 건강하고 멋있어진다.

나는 일주일에 5회 이상 땀이 뚝뚝 떨어지도록 유산소 운동과 근력 운동을 병행하면서 몸 관리를 하고 있다. 관리하기 전에는 인바디 측정 결과, 과체중에 허약형이었던 몸이 이제는 표준체중에 강인형으로 바뀌었다. 비만이었던 시절의 나는 불편함이 많았다. 겉으로 보이는 미적인 라인에서 뒤처지다 보니까 입고 싶은 옷을 못 입어서 속상할 때도 있었다. 옷 사러 가는 그 자체가 스트레스여서 쇼핑하는 것도 싫었다. 갱년기의 나이가 되니 과체중으로 영향을 더 받는 듯했다. 과체중으로 무릎관절, 족저근막염 등 몸이 아프니까 의욕도 없고 우울해졌다.

요즘 나의 변천사를 아는 지인들이 나를 보고 놀란다. "어머, 나이를 거꾸로 먹나 봐", "이렇게 젊어 보이는데 누가 할머니라고 하겠어?", "왜 이렇게 예뻐졌어?" 물론 과장되게 칭찬하는 말이라는 것도 알고 있다. 하지만 고래도 춤추게 하는 것이 칭찬이다. 이렇게 몸이 강인해지면서 날씬해지니까 자신감도 생긴다. 스스로 만족감을 느끼니 더 즐겁다. 따라서 일의 효율성도 높아진다.

✠ 실패했을 때는 좌절 금지

강한 멘탈을 유지하는 마지막 요소는 실패했을 때라도 좌절하지 않는 것이다. 실패는 누구에게나 아프다. 누구나 당연히 실패는 한다. 한 번의 실패로 '역시 난 안 되나 봐' 하면서 자책하거나 주저앉아 버리는 사람들이 있다. 그렇다고 인생이 끝나는 것은 아니지 않은가? 그리고 실패해 본 사람이 성공하는 길을 찾을 수 있다.

콜드콜 스킬을 배우던 초창기, 이름도 모르는 자영업자를 상대로 사업 제안을 하는 콜드콜을 시도했을 때 나는 휴대폰을 앞에 놓고 한참을 망설였다. 당시 나는 전화를 하려고 하면 숨이 턱턱 막히고 답답했다. 그래서 한 번에 성공하지 못하고 심호흡을 해가며 몇 번의 시도 끝에 전화를 걸었다. 그렇게 어렵게 전화를 걸어 도전해도 열 번의 통화를 하면 그중 여덟아홉 통화는 거절당하기 일쑤였다.

"필요 없어요", "바빠요", "관심 없어요", "지금 하는 사업도 신경 쓰이는데 다른 거 생각하고 싶지 않아요" 찬바람이 쌩하게 불 정도로 매몰차게 거절하며 끊어버리는 사람이 대부분이었다. 그러나 나는 도전하고 또 도전했다. 자꾸자꾸 실패를 해봐야 무엇이 부족하고 잘못되었는지 알 수 있다고 생각했기 때문이다. 계속 도전해 봐야 능력이 부족했는지, 노력하지 않았는지, 어느 대화 중에 대처 능력이 부족했는지 분석할 수 있다. 그래야 한 단계씩 성장할 기회가 주어진다. 치명적인 실패가 아닌 경우에는 즐기는 여유를 가져보자.

나를 응원하는 셀프 토크를 하라

하이파이브로 절망에서 빠져나오다

어느 날, 내가 참여하는 새벽 독서 모임의 단체 톡방에 '동기부여'와 관련된 유튜브 영상이 올라왔다. 미국의 변호사이자 작가인 라이프 코치 멜 로빈스(Mel Robbins)의 영상이었다. 로빈스는 전 세계에서 강연 신청이 가장 빨리 마감되는 강사로 유명하다. 그런데 믿기 어렵겠지만, 이 유명한 동기부여 강사인 그녀 자신은 수십 년간 불안, 공황, 트라우마와 씨름했다고 한다.

그녀는 상당히 긴 시간 동안 엄청난 빚을 지며 살았다고 했다. 그래서 누구와도 만나고 싶지도, 그 어떤 일도 하고 싶지 않았다고 했다. 자기를 둘러싼 상황을 잊기 위해 스트레스를 풀고 싶었지만 어떤 것부터 시작해야 할지 몰랐고, 그런 그녀가 그 절망적인 상황에서 몇 개의 습관으로 인생을 뒤바꿨다. 그중 하나가 매일 아침 거울 속 자신을 바라보고 손바닥을 거울에 대며 '하이파이브'를 하는 습관이었다. 그녀는 말한다.

"성공하기 위해서는 우리는 바뀌지 않아도 된다. 하이파이브만 할 수 있다면……"

그녀는 큰 슬럼프에 빠졌을 때 속옷만 입은 채 화장실 거울 앞에 선 자신의 모습을 보고 마치 하수구로 내려가는 것 같은 자괴감을 느꼈다고 했다. 그런데 그 순간 그녀는 아무 생각 없이 거울에 비친 자신과 가만히 하이파이브했다고 한다.

"괜찮아, 고개 들어. 난 할 수 있어."

그 순간 처진 어깨가 점점 힘이 들어가면서 자신감이 생겼다고 했다. 그래서 그다음 날, 그다음 날도 화장실 거울 앞에 서서 자신에게 또 말했다고 한다.

"그래, 난 할 수 있어. 멋지게 해낼 수 있어."

그렇게 며칠 동안 하이파이브를 반복하자 어느 날 아침 특별한 변화가 시작되었다. 정말 예상치 못한 행동을 스스로 하게 된 것이다. 로빈스는 매일 아침 알람이 울리면 침대 정리를 한 후 화장실에 들어갔는데, 거울 속 자신을 보는 게 기대되기 시작한 것이다. 마치 친구를 만나러 가는 것 같은 기분이 들었다고 했다. 오랜 시간 부정적인 생각만 하고 살았는데 그런 습관이 자신에게 하이파이브할 때는 절대 불가능했다고 한다. 그래서 그녀는 거울 속 자신을 보고 "나는 실패자야. 나는 망했어", "난 오늘 미팅을 망칠 거야" 같은 이런 부정적인 생각을 할 수가 없어졌다.

멜 로빈스는 이 같은 경험을 바탕으로 《굿모닝 해빗》(강성실 역, 쌤앤파커스, 2022)를 썼고 이 책은 그녀를 세계적인 베스트셀러 작가로 만들어주었다. 그녀의 하이파이브 습관이 긍정의 기운을 불어넣어, 그녀 자신의 인생을 구제하게 된 셈이다.

나 자신에게 하는 '셀프 토크'

50대 후반, 나는 새로운 비즈니스에 도전하기 위해 생전 해보지 않았던 일을 시도하기 시작했다. 새로 시작하려는 비즈니스는 1인 사업으로 낯선 사람들에게 전화해서 내 서비스와 상품을 클로징하는 세일즈업이다. 배워야 할 것도 많았고 도전해야 할 일들도 많았다.

그런데 이때 나 자신이 큰 걸림돌이 되었다. 새로 시작하는 일에서 필요한 것 중 하나가 '디지털 역량'이었기 때문이다. 지금은 과거 10년 전과는 비교도 안 되게 SNS가 그 자체로 많이 사용되어 완전 대중화되어 있다. 컴퓨터로 하던 인터넷이 모바일로도 대체되면서 많은 것들이 스마트폰 하나면 충분히 해결된다. 온라인상에서 의사소통과 정보를 공유하며 인맥을 확보해 나가면서 관계를 생성해야 하는 세상에 블로그, 인스타그램, 유튜브 제작조차 할 줄 모르는 내가 어찌 비즈니스를 할 수 있겠는가? 낙심, 절망 그 자체였다. 나는 아날로그 세대의 사람으로서 디지털화되지 못해 어려움이 많았다. 외길 인생으로 살아온 나로서는 오로지 음악 분야에만 관심을 두고 있었기에 시야가 좁아 편향적임을 깨달았다.

독서 모임 안에서 함께하는 동료 팀원들은 대체로 나보다 10~15년 젊은 나이로 SNS에 익숙하고 독서도 꾸준히 해온 사람들이다. 생각 역시 유연한 편이라 새로운 것들을 쉽게 받아들였다. 평생 책이라곤 오선에 그려진 악보만 봐왔던 나는 스스로가 참 바보 같다는 생각이 들어 초반에는 내적 갈등이 너무나도 심했다. 트렌드에 맞추어 따라가려다 보니 자신감도 떨어져 하루하루가 힘들었다. 물론 독서 모임의 동료들이 많이 격려해 주기도 했지만 마음 한쪽에서는 다른 악마와 싸우는 힘든 나날들이 많았다. 나에게는 좀 더 강력한 힘을 줄 사람이 필요했다.

그런 나에게 멜 로빈스의 영상은 큰 영감을 주었다. 나에게 힘을 줄 사람은 바로 '나' 자신이라는 자각이 들었다. 그날부터 나는 아침마다 양치한 후 화장실 거울 앞에 서서 하이파이브를 하며 스스로 자신감을 불어넣는 말을 해주기 시작했다. 나 자신에게 소리 내어 응원한다는 건 처음에는 무척 어색하고 주저하게 된다. 하지만 처음만 어렵지 자꾸 해보면 끌리는 뭔가가 있다.

"지금까지 최선을 다해 잘 살았어. 지금 이 시기만 잘 넘기면 정말 멋진 인생이 될 거야", "나는 할 수 있어. 포기만 안 하면 돼" 이렇게 하루의 아침을 시작하자 하루가 달라졌다. 어깨가 펴져 자신감도 생겼다. 멜 로빈스의 하이파이브를 따라 하고 나 자신에게 셀프 토크를 하게 되면서 나는 스스로 믿는 힘을 최대치로 끌어올리게 되었다.

셀프 토크의 힘

내가 이렇게 스스로 하이파이브를 하고 셀프 토크를 하는 이유가 있다. 나 자신에게 하는 하이파이브는 뉴로빅(Neurobics) 연구와 관련이 깊다는 사실을 알기 때문이다. 뉴로빅은 뉴런(Neurona)과 에어로빅(Aerobics)의 합성어로 2004년 미국 듀크대학교 신경생물학 교수인 로렌스 카츠(Lawrence C. Katz) 박사가 개발하고 처음으로 시행했다.

많은 사람이 몸과 전체적인 외모를 가꾸는 것에 집착하지만 뇌 운동에 대해 걱정하는 사람은 드물다. 뇌는 근육으로 되어있어 운동이 필요하다는 것을 잊지 말아야 한다. 우리는 기억력 증진이나 치매 예방을 위해 두뇌 자극에 도움이 되는 방법에 관심을 가져야 한다. 자신과 하이파이브를 하는 것은 뇌 건강을 위해 두뇌를 훈련하는 방법이다. 사람은 예상치 않은 신체 활동을 할 때 새로운 신경 경로 개발을 가속하게 된다고 한다. 다시 말해

평상시에 늘 하던 생활습관을 다소 바꾸어서 하게 되면 뇌를 자극하게 되어 뇌 노화를 늦추는 데 도움이 된다고 한다.

예를 들어 평소에 쓰지 않던 다른 손으로 양치질을 하거나 식사를 하고, 전화를 걸고, 문을 열고, 글씨를 써 보는 것이다. 이런 맥락에서 다른 사람들과 해왔던 하이파이브를 나와 한다는 건 예상치 않는 활동이기에 긍정의 에너지가 생기고 완전히 다른 사람으로 바꿔놓는 힘이 된다.

하이파이브가 상징하는 것은 "잘했어", "정말 멋져", "잘해보자" 이런 것들로 인정, 자신감, 축하, 긍정의 말이다. 셀프 토크의 자기 암시는 절실한 자기 변화와 절망의 순간에 자신감을 회복시키고 자기 자신 속에 숨겨져 있는 힘을 끌어내는 위력이 있다. '말이 씨가 된다'라는 말을 기억하자. 긍정적인 말을 나에게 해줌으로써 나를 성공으로 향하는 지름길로 이끌어가자. 내가 자주 쓰는 셀프 토크 몇 가지를 소개해 본다.

외모에 자신이 없을 때: "나는 아주 예쁘지는 않지만, 이건 남들보다 잘하잖아."

자존감이 낮아졌을 때: "사랑해, 사랑해, 난 최고야."

슬플 때: "슬퍼하지 마, 너를 제일 아끼는 내가 있잖아."

자신감이 없을 때: "나는 할 수 있다. 실패해도 돼. 또 하면 되잖아."

어려운 문제를 해결했을 때: "그럴 줄 알았어. 해낼 줄 알았지.

잘했어."

훌륭한 강의를 듣거나 좋은 책을 읽는다고 해서 누구나 문제 해결이 되고 성공하는 것은 아니다. 나를 변화시킬 수 있는 자극은 되겠지만 변화되기는 쉽지 않다. 결국은 내가 자신을 응원해 주고 용기를 깨우치며 변해야 한다. 사람들 대부분 스스로 칭찬할 줄 모른다. 자기 자신을 높게 평가하지 않는다. 자존감이 낮은 사람일수록 자신을 낮게 평가하는 경향이 크다. 스스로 하이파이브를 하며 나를 칭찬해 보자. 그 순간 부정적인 생각이 사라진다. 나는 이 하이파이브와 셀프 토크 습관으로 하루를 버틸 힘을 얻고 있다. 잠재의식에 자신감이 생겨 지금도 그 힘으로 버텨가고 있다.

약점과 단점을 극복하는 나만의 비법

나는 나를 사랑했다

살면서 자신의 약점이 무엇이고 단점이 무엇인지 제대로 파악하고 사는 이들이 있을까? 아마 그다지 많지 않을 것이다. 그런데 이 둘을 알고 사는 것과 모르고 사는 것은 큰 차이가 있다. 이 둘을 정확히 파악하려면 먼저 약점과 단점의 정의를 애매하게 생각하고 있지 않은지부터 점검해볼 필요가 있다.

약점은 모자라서 남에게 뒤떨어지거나 떳떳하지 못한 점이고 단점은 잘못되고 모자라는 점이다. 한마디로 약점은 스스로 떳떳하게 생각하지 못하는 점이라면, 단점은 남들마저도 잘못으로 인지하고 있는 점이라 할 수 있다. 예를 들어 '농구 하는 데 있어서 나의 약점은 키가 좀 작은 것이야'와 '난 꼼꼼하지가 못해서 노트 정리하는 데 매번 빠뜨리는 게 많아'의 차이라고 할까. 약점은 남들과의 경쟁하는 데 취약점이 될 수 있는 반면 단점은 스스로에게도 취약점이 되는 것이다.

약점은 남과 비교해 상대적으로 부족해 보이는 부분이므로 이를 드러내면 상대방이 악용할 수도 있기에 굳이 먼저 알려줄 필요가 없다. 반면 단점은 누구에게나 있다. 따라서 정직하게 자신을 내보이는 것이 경계심을 풀어줄 수 있다. 그래서 나는 나의 단점을 숨기려 하지 않는다. 오히려 장점만 이야기하는 사람은 누구도 좋아하지 않을 것이다.

세상에 완벽한 사람은 없다. 상대가 마음을 열지 않거나 관계를 좀 더 가까이하고 싶다면 자신의 장점보다 단점을 더 많이 이야기하는 것이 빨리 친근해지는 방법이 될 수도 있다. 현명한 사람은 남의 욕설이나 비평에 상처받지 않고 다른 사람의 단점을 발견하려고도 애쓰지 않을 것이다. 사람들은 대부분 남에게 괜찮은 사람으로 인정받으려고 노력한다. 당당하고 자신감 있게 내 생각을 주장하고 싶지만 거부당할까 봐 그것이 두려워 움츠러들 때도 많다. 알고 보면 상대방도 나와 별반 다르지 않은데 말이다. 낫다면 나보다 조금 더 경험이 있다고 생각한다.

나는 단점을 극복하는 문제를 이렇게 해결했다. 우선 나 자신을 사랑했다. 우리는 스스로에 대해 잘 알고 있다고 생각하지만 실제로는 그렇지 않을 수도 있다. 자기를 있는 그대로 수용하면서 장점은 살리고 단점은 보완해 나가는 용기가 필요하다. 또한 강점은 키우고 약점은 도약의 발판으로 삼아 개척해 나가는 멋진 사람이 되면 좋겠다. 나를 포장해서 근사하게 보여주려고 하다 보면 우선 내 안에서 내가 나를 사랑하지 못한다. 있는 그대로의 '나'를 믿자.

약점이 주는 놀라운 힘

나는 어릴 때부터 노력파였던 것 같다. 공부 머리는 없는데 그저 열심히 하는 아이로 자랐다. 빠른 학번이다 보니 노력하지 않으면 또래 아이들 따라가기가 사실 버겁기도 했던 것 같다. 노력과 시간을 나름 많이 투자하는데, 투자한 만큼 성적은 기대치에 미치지 못했던 게 항상 아쉬웠다. 나는 논리수학 지능이 부족하다는 약점이 있기 때문에 더욱더 노력하고 꾸준하게 하려는 습관을 갖기 위해 무던히 애썼던 기억이 있다. 내 적성에 맞지 않은 실업계 학교를 지원하기 위해서, 또 학업에 처지지 않기 위해서 많은 노력을 했던 것으로 기억된다.

지금 생각해 보니 나에게 이런 약점이 없었더라면 현실을 극복할 힘이 생기지 않았을 것이다. 인생을 살다 보면 때로는 질병으로, 사고로, 바닥까지 내려앉는 가난으로, 사랑의 실패로 삶이 벼랑 끝으로 내몰릴 때가 있지만 이러한 약점을 피하지 않고 당당히 맞설 때 놀라운 힘이 생긴다.

나는 나의 환경을 극복하고 다행히도 늦게나마 내가 하고 싶은 음악 분야의 공부를 하게 되어서 감사했다. 어릴 적부터 음악에 소질이 있어서 초등학교 음악 시간에는 담임 선생님께서 나에게 전적으로 그 수업시간을 맡기고 나가시는 경우도 많았다. 이렇듯 음악에는 조금 남다르게 재능이 있었는데 아버지의 사업 실패로 인한 가난으로 음악공부를 포기하고 실업계 학교를 다녀야 했던 그 시절을 생각하면 내가 다시 일어설 계기가 되었던 것 같다. 약점을 외면하지 않을 때, 숨기지 않을 때, 사랑할 때, 부끄럽게 생각하지 않고 당당하게 여길 때 인생은 달라질 것이다. 왜냐면 그럴 때 창조의 힘이 생기기 때문이다.

약점과 단점에 당당하게 맞서자

나는 개인적으로 개그맨 김병만을 좋아한다. 그는 세상에 알려지기로 해병대에 입대하고 싶었지만 당시 160센티미터가 채 안 되는 작은 키로 군 면제를 받았다고 한다. 그는 개그맨이 되기 위해 30만 원을 가지고 무작정 서울로 올라와 일곱 번의 공채 탈락으로 자살을 생각했었단다. 신문 배달에서 건물 철거일까지 힘든 일을 하며 버텼고, 끝내는 2002년 KBS 공채 17기로 데뷔했다. 그렇게 우울한 과거를 극복하고 무대에서 고작 8초 동안 관객을 웃게 하려고 6일 동안 하루 2~3시간만 자면서 연습해야 가능한 달인에 도전했다. 피나는 노력과 시간을 요하는 개그 코너로 흥행에 성공했지만, 동료들뿐만 아니라 후배들에게도 '무술 밖에 못 하는 개그맨'이라는 디스를 당하기도 했다. 그럼에도 얼마나 멘탈이 강하면 저렇게 자기 자신을 도구화할 정도로 프로페셔널한가? 그를 보면서 약점을 승화시키고 강점을 돋보이게 하고 단점을 숨기지 않을 때 관객은 반응하고 응원해 준다는 것을 보았다.

단점을 인정했더니

나는 나에게 주어진 일이나 역할을 맡으면 성실히 하려고 시간이나 약속을 철저히 지키는 편이다. 그러다 보니까 주위 사람들이 나를 괜찮게 봐주어서 그런지 꼼꼼하게 일을 잘하리라고 생각하는 것 같다. 나의 단점은 깊이 생각해서 철저히 조사하고 관찰하는 그런 귀찮은 건 피하고 싶어 하는 경향이다. 어르신 주간 보호 센터에서 근무할 때 매일 매시간 어르신들의 개인 활동에 관한 서류를 작성하는 업무도 해야 했다. 그런 작업은 짬짬이 틈을 내어서 해둬야 어려움이 덜하다.

사실 이런 제도는 모순이 있긴 하다. 서류에 치이다 보니 어르신들 돌봄에 손이 덜 가는 수가 있기 때문이다. 동료 직원들은 내가 꼼꼼하게 잘 했으리라고 생각했는지 일주일 동안 일지 작성한 것을 공유할 때 생각보다 나의 미숙함에 좀 의아해했다. 단점을 감추려고 한 것은 아니지만 진작에 '나의 단점에 대해 말을 해 볼걸'하는 아쉬움도 있었다. 나는 동료에게 미안한 마음을 표하고 대신 내가 잘하는, 어르신들 얘기를 들어 주며 공감하는 일에 더 많이 할애하겠다고 했다. 이렇게 나의 단점을 인정하고 말함으로 라포가 형성되어 더 친밀한 관계가 되었다.

나의 단점을 인정한다는 것은 나쁜 것이 아니다. 오히려 나에 대한 이해도가 높은 사람으로, 솔직한 사람으로 느껴져 좋아 보일 수 있다. 또 내가 해결하기에 취약한 상황을 만났을 때 도움을 요청하기에 편하다. 단점을 인정하지 않고 이 핑계 저 핑계를 대가며 회피한다면 신뢰를 잃을 수도 있다. 단점이 없고 완벽한 사람은 없기에 단점을 숨기려 하지 말고 여러 가지의 개선점을 찾아 시도해 보는 노력을 하는 것이 지혜로울 것이다.

단편적으로 보지 않으려는 노력

아주 오래전 한창 푸릇푸릇한 젊었을 때 얘기다. 친구에게 인생 상담 요청을 받고 궁금해서 한 걸음으로 달려가 얘기를 듣기 시작했다. 2년 정도 사귀고 있는 남자친구의 단점이 자꾸 하나 둘씩 보이기 시작해서 고민이라는 거다. 그 남자친구는 그녀를 아주 오래전부터 먼저 사랑해왔고, 사귄 후에도 여전히 그녀를 사랑한다고 했다. 그녀는 남자친구가 한결같이 자기를 사랑하고 있다는 것을 알고 있기에 남자친구의 단점으로 보이는 점을 좋게 해석하고 싶어도 잘 안 된다고 했다.

나는 그녀에게 좀 더 자세히 어떤 부분이 단점으로 보이는지 물었다. 그녀의 얘기를 들으면서 이상하게도 언젠가 들었던 친숙한 얘기들이었다는 느낌을 받았다. 예전에 그녀가 내게 남자친구가 생겼다고 들뜬 목소리로 한 얘기들이 생각났다. "남자친구 성격은 엄청 차분하고 신중해. 그래서 남자친구를 만나면 안정감이 느껴져서 편해. 급한 내 성격이랑은 반대로 생각이 깊어." 이렇게 좋게 해석했던 성격이 이제는 직설적이고, 솔직하고, 생각이 많아 조심스럽고, 소극적이며 늘 행동이 느리다고 속상해하며 말했다. 아이러니하게도 남자친구가 생겼다면서 늘어놓았던 남자친구의 장점과 지금 말하는 단점과 같았다.

장단점은 선의 구분이 없는 것 같다. 같은 행동과 표현일지라도 상황에 따라서 다르게 받아들여지고 해석된다. 예를 들어 "나의 단점은 눈치를 많이 보는 거야"라고 할 때 개인적인 면에서는 단점으로 보이겠지만 공동체 안에서는 남에게 배려심이 있다는 장점으로 보일 수 있다. 사람은 다 생각하는 대로 보인다. 나는 너무 쉽게 '장점은 항상 장점이고, 단점은 항상 단점'이라는 단편적인 견해로 바라보지 않으려고 애쓰고 있다.

모든 것은 내 마음에서 벌어진다

약점이든 단점이든 장점이든 모든 것은 내 마음속에서 결정된다. 사랑하는 사람이 한순간에 싫은 사람이 되는 이유도, 바보 같았던 나 자신이 한순간에 뛰어난 프로로 보이는 것도 모두 내 마음먹기에 달린 일이다. 나는 이 깊은 깨달음을 얻은 뒤부터는 단점, 약점, 장점을 모두 나의 것으로 받아들이고 있다. 나 자신을 지키기 위해서는 나부터 노력하고 나부터 나를 사랑해야 한다. 이 점만 명심한다면, 누구나 내일 아침 오늘보다 더 상쾌하게 잠에서 깨어 자리에서 일어날 수 있게 될 것이다.

오늘, 더 잘할 수 있다고 믿는다

인생을 극적으로 달라지게 하는 정리

새로운 인생을 살기로 결단하고 지금 당장 뭘 할지 생각해 보았다. 새 학년으로 올라가기 전 뭔가 잘해보려는 그런 마음이었다. 학창 시절 때 대부분 경험했으리라 짐작한다. 그러던 차에 정리만 잘 해도 인생을 바꿀 수 있다는 영상을 보게 됐다. '그깟 정리 하나 잘 한다고 인생까지 달라지나' 하는 코웃음을 쳐가며 어디 한번 들어나 보자 생각하며 끝까지 들어봤다. 그 영상은 한 책을 리뷰한 영상이었는데, 바로 《곤도 마리에 정리의 힘》(홍성민 역, 웅진지식하우스, 2020)이었다.

이 책에서 저자는 '더하는 것'보다 '빼는 것'이 훨씬 더 중요함을 깨달았으며, 정리는 인생을 극적으로 달라지게 만든다고 한다. 또한 저자의 컨설팅을 받고 새로운 변화가 있었던 사람들의 사례를 소개했다. 정리를 통해 과거를 처리하기 때문에 자신의 사고방식과 삶의 방식이 달라져 인생이 극적으로 달라진다는 증언들이 이어졌다. 호기심이 생겨서 나도 한번 해보고 싶다는 강한 욕구가 솟구쳤다.

정리의 첫 단추인 버리기를 시작했다

곤도 마리에는 버리기와 자리 정하기, 이 두 가지의 키워드만 생각하면 정리 끝이란다. 어중간하게 정리하면 평생 정리하는 것에서 헤어나오지 못할 수도 있으니, 단 한 번이라도 완벽하게 정리할 것을 권한다. 저자가 말하는 완벽이라 함은 '물건을 버릴지, 남길지 정하는 것'과 '물건의 자리를 정하는 것'이다. 물건은 눈에 보이는 유형이기에 바로바로 결과를 볼 수 있어서 실행해 볼 만하다고 생각했다.

내 인생을 반짝반짝하게 살아보겠다고 결단하고 정리를 시작했다. 장소별 정리는 자신도 모르는 사이에 같은 물건을 계속 정리하게 되는 허점이 있을 가능성이 있다고 한다. 예를 들어 화장품 샘플, 비누 이런 같은 유형의 물건들이 욕실에 있기도 하고 화장대에 혹은 서랍에 이곳저곳에 놓여 있어서 정리했던 곳을 착각하기 쉽다는 것이다. 수납 장소가 여러 곳으로 분산된 채 장소별로 정리하면 영원히 정리를 끝내지 못할 수도 있다고 한다. 따라서 정리는 장소가 아니라 물건별로 해야 한다고 강조한다.

그래서 나는 옷 정리부터 하기로 마음먹고 2년 동안 한 번도 안 입어 본 것들, 언젠가 입을 거라고 보관했던 것들을 미련 없이 하나둘씩 버리기 시작했다. 옷을 정리해서 버리고 다음은 주방용품, 그다음은 책, 그다음은 생활필수품 이런 식으로 정리해 나갔다.

많은 사람이 정리를 잘 못하는 것은 물건이 많기 때문이라고 한다. 또 물건이 자꾸 늘어나는 것은 자신이 가지고 있는 물건을 파악하지 못하기 때문이라고 한다. 가만히 생각해 보니 나도 그랬다. 같은 용도로 쓰이는 물건의 종류가 의외로 많았고, 철이 바뀌면 마땅히 입을 옷이 없을 것 같아 사게 됐다. 이렇게 된 이유는 수납 장소가 여러 곳으로 분산되어 있기 때문이었다.

일생에 한 번만 해도 되는 축제의 정리

정리라는 개념은 개인마다 차이가 있어 정답이 없지만 저자는 정리는 매일매일 하는 것이 아니라 한 번만 하라고 권한다. 정리를 두 가지로 분류하는데 '일상의 정리'와 '축제의 정리'로 구분한다. 일상의 정리란 물건을 사용하고 제자리에 두는 것으로 이것은 평생 해야 하는 정리이고, 축제의 정리는 일생에 한 번

하는 것을 말한다. 대부분의 사람들이 축제의 정리는 하지 않은 채 창고 같은 방에서 매일같이 쫓기며 살아가고 있는 것이다.

물건에 짓눌리며 사는 삶이 진정한 행복을 누릴 수 있겠냐는 질문에 나는 대답할 수가 없었다. '당장 물건에 짓눌려 사는 것에서 해방해 행복한 삶으로 한 발자국 더 가까이 가보자'라고 다짐하고 정리를 시작했다. 옷장의 수납이 헐거워져 정리가 잘 되어 있는 옷장을 보니 나도 모르게 미소가 지어졌다.

그날 밤 잠에 들면서 은근 내일이 기대되었다. 옷 정리는 3일 정도 걸린 것 같다. 다음은 주방의 서랍을 정리해 물건이 한눈에 들어와 뒤적이지 않아도 쉽게 찾을 수 있게 잘 쓰지 않는 것은 미련 없이 버렸다. 어제보다 한결 몸도 가벼워진 느낌이 들었다. 왜 마음이 이렇게 설레고 들떠있는 기분이 드는지 정리의 힘이 조금씩 느껴졌다.

다음은 책 정리를 했다. 언젠가 읽을 거라며 못 버렸던 대학 시절 때 책들, 시대의 흐름에 뒤처져 버린 경제 서적, 학원 운영을 하면서 썼던 교재들을 버렸다. 그런데 물건을 버릴 때 중요한 마음가짐이 있다. 하나하나 물건을 만져가면서 느끼는 것이다. 그냥 눈으로 보고 버릴 것인지를 결정하는 것이 아니다. 물건을 만졌을 때 설렘이 있는지, 버려도 그다지 크게 미련이 없을 것 같은지 생각해 보자. 오히려 버렸을 때 홀가분해지는 물건도 있다. 그렇게 열흘쯤 축제의 정리를 마치니 왜 축제의 정리라고 이름을 붙여 주었는지 이해가 갔다. 정리는 설레는 기분으로 짧은 기간에 끝내는 것이 중요하기 때문이라는 것을 확실히 느꼈다.

이처럼 축제의 정리를 하지 않는 한, 일상의 정리는 불가능한 것을 알았다. 축제의 정리를 하고 나면 사용한 물건은 제자리에 놓고 새로 구입한 물건은 자리를 정해주면 된다. 그리고 나만의 정리법을 하나 더 추가해서 실천하고 있는 것이 있다. 집에 새로 구입한 물건을 들여놓을 때는 그 숫자만큼의 물건을 버린다. 그래야 물건에 짓눌려 살지 않기 때문이다.

과정을 사랑해야 어제보다 잘할 수 있다

나는 정리를 못 한다는 부정적인 자아의식이 사라지자 자신감이 생겼다. 그리고 그 자신감 하나가 나의 생활을 변화시키기 시작했다. 정리를 통해서 인생에서 무엇이 필요하고 필요하지 않은지, 무엇을 해야 하고 무엇을 하지 말아야 하는지가 정리되었다. 또 나의 가치관을 새로 알 수 있었고, 자존감이 회복되며, 판단력이 향상되는 것을 느낄 수 있었다.

누구나 어제보다는 오늘이 더 나아지기를, 오늘보다는 내일은 더 잘 할 수 있을 거라고 믿고 싶고 또 믿는다. 하지만 믿는다고 나아질까? 삶이라는 전투장에서 신발 끈을 단단히 매고 손에 힘을 불끈 쥐고 살아나가야 한다. 혹시 정상에 오르길 바라고 원하면 그 결과에 다다를 것이라고 착각하지는 않나?

나의 경우에는 예전에 그랬던 거 같다. 막연하게 내일은 잘 될 거라고 잘할 거라고 말이다. 결과만 사랑했고 과정은 사랑하지 않았다. 정상에 오르기까지의 과정은 가파른 언덕을 올라가야 하고, 작은 돌들로 인해 미끄러지지 않도록 피해가지만 넘어지기도 하고, 수많은 계단을 올라가야 할 태산같이 난감한 일도 있고, 높은 바위도 기어서 올라가야 하는 등 생각지도 않던 많은 고난이 생길 수 있다. 그러나 나는 결과만 원했지 이러한 힘든 과정은 원하지 않았다. 승리하길 바랐지 투쟁은 원하지 않았다. 우리는 자기 자신을 점검해볼 필요가 있다.

나는 이제야 그 진실을 깨달았다. 과정 없이는 결과도 없다는 것을. 과정은 아름답지 않다. 고통스럽다. 내가 바라는 정상의 길에는 치우면서 가야 할 똥 덩어리가 참 많다. 그 똥 덩어리는 사실 남이 만들어낸 것보다 자기 자신이 만들어낸 것이 더 많을 것이다. 그것을 인정하는 것이 정상에 좀 더 빠르게 갈 수 있는 길이다. 우선이 무엇인지 아는 것이 지름길로 가는 길이다. 나를 잘 다스리고 통제를 한다면 고통스러운 과정을 이겨내고 오늘은 어제보다 잘할 수 있다. 짜릿한 승리의 트로피를 거머쥘 날이 머지않다고 믿으며 오늘은 더 잘할 수 있다고 거울 속의 나에게 말해주자.

거듭거듭 실패하라

무모한 도전 그리고 쓰라린 실패

나는 앞서 말했듯 음악을 전공해 30여 년간 학생들에게 피아노 레슨을 해왔다. 그러다 50대 초반 즈음 가르치는 일에 권태기가 오기 시작했다. 그래서 살짝 눈을 돌린 것이 프랜차이즈 어학원 교육사업이었다. 아이들을 가르쳤던 경험 하나로 무모하게 생판 모르던 낯선 분야로 뛰어든 것이다.

지금 돌이켜보면 낯 뜨거울 정도로 경영에 대한 지식도 없고 시장조사도 제대로 하지 않은 상태에서 했다는 생각이 들 정도로 당시에는 정말 위험한 도전이었다. 그래서인지 시작부터 자금 부분에 차질이 생겨 삐거덕거렸다. 학원 자리로 쓰려고 신도시 상가를 분양받았는데 상가 준공이 계획보다 늦어져 학원 개업 시 경쟁 학원이 이미 원생을 모집하고 난 뒤였다. 당연히 우리 학원은 불리한 입장이었다.

어떻게든 시작해 학원을 꾸려갔지만, 시간이 흘러갈수록 대출이자에 선생님들 월급을 감당하기가 벅차기 시작했다. 제2금융권으로 자금을 대출할 수밖에 없는 실정이 됐다. 시간은 속절없이 흐르고, 이자와 월급날도 속절없이 다가왔다. 카드로 카드를 막는, 빚으로 빚을 막는 나날이 이어졌다. 학생들 수강료가 통장으로 들어오기가 무섭게 은행에서는 그 돈을 빼갔다. 통장은 항상 말라 있었다. 선생님들 월급날만 되면 한숨이 났다. 이렇게 하루하루 버티다 5년 만에 학원을 접었다.

절망 속에서 인생을 배우다

학원을 손 털고 난 후의 홀가분한 마음은 잠시였다. 급한 불은 껐지만, 현실은 대출이자 납부, 원금 상환 등 해결해야 할 문제가 가득했다. 전화벨이 울려서 받아보면 채권자의 빚 독촉 전화였다. 전화를 받는다고 해결되는 것도 아니고 해서 안 받으면 '연락이 되지 않으면 불이익을 당할 수 있습니다'라는 문자가 어김없이 와 있었다. 전화벨 소리만 들으면 가슴이 철컥 내려앉아 깜짝깜짝 놀랐다. 숨이 잘 안 쉬어져 가슴이 저렸다. 밤에는 답답한 마음에 잠을 이루지 못하고 겨우 잠이 들었다가도 가위에

눌려 식은땀이 흥건하게 젖은 채로 깨어나곤 했다.

카드빚을 막지 못하면 유일하게 가지고 있는 상가가 경매로 넘어갈 수도 있었다. 이런 와중에 친정어머니께서 암으로 수술을 받게 되어 도와드려야만 하는 상황이었다. 매일 오는 카드빚 독촉 전화에 너무 시달려 현실을 도피하고 싶었고, 어떤 때는 생을 포기하고 싶은 마음마저 들었다. 뭐라도 해서 돈을 벌어야 하는데 이러지도 저러지도 못하는 형편이 너무나 막막해, 정말 싫었지만 친구에게 손을 벌렸다. 친구와 돈거래는 하지 않아야 한다는 것을 잘 알고 있기에 버티고 버텼지만 그 방법밖에 찾지 못했다. 그 친구는 형편에 맞게 조금씩 갚으라고 빌려줬다.

지금도 나는 당시 그 친구가 아니었으면 어떡했을까 싶다. 너무나 절망적인 상황에서 일어설 용기를 찾지 못한 채 정말 안 좋은 생각을 하고 끝까지 갔을지도 모른다고 생각하니, 친구에게 정말 고맙고 또 감사했다. 내 평생 잊지 못할 친구다. 이런 일이 있은 지 몇 달 후 불행하게도 이 고마운 친구에게 크나큰 쓰나미가 밀려왔다. 남편이 해외 출장을 갔다가 귀국한 날 갑자기 심장마비로 먼저 떠나버린 것이다. 이런 기막힌 일을 당한 친구가 사경을 헤매는 모습을 본 나는 두말 할 것 없이 내가 하던 일을 멈추고 3개월 동안 동거하면서 친구를 위로해 주었다. 가족과 한 푼이라도 더 벌어야 할 내 사정은 뒤로하고 은혜 갚을 기회라고 생각했기 때문이다. 나는 이 쓰라린 실패로 인생 공부를 했다.

실패를 통해 얻은 값진 교훈

지금 생각해 보니 학원 사업의 실패 원인은 '욕심'이었다. 어학원을 하기 전까지만 해도 내게 '레슨'의 의미는 학생들에게 내가 가지고 있는 재능을 전달하고 적게나마 사회에 기여하고 싶다는 바람이 컸던 게 사실이다. 학생들이 음악을 많이 접하는 과정에서 긍정 마인드를 갖기 바랐고 또 그 과정에서 내가 도움을 줄 수 있다는 사실이 기쁘고 또 보람되었다. 재능 기부를 할 수 있는 많은 제자를 배출하고 싶었다.

하지만 어학원을 통해 더 나은 사회적 지위를 원했고, 선한 휴머니즘의 바탕 없이 더 많은 돈을 벌고 싶다는 마음도 컸다. 만족을 모르는 욕심은 실패와 파멸을 불러온다. 욕심을 버리지 않는 한 어떤 인생도 만족스러울 수 없고 행복해질 수 없다는 것을 나는 이 실패를 통해 철저히 배웠다. 또 하나 얻은 교훈은 '곧 나아지겠지' 막연하게 원하고 있으면서 오랫동안 버틴 것이 원인이라는 점이다.

가망이 없다고 판단되는 사업이나 프로젝트에 매달려 막연히 상황이 나아지길 바라며 내 적성에 맞지도 않는 일을 붙잡고 있었던 것은 아니었는지. 그래서 훗날 나는 당시 내 실패의 원인과 과정을 되새기며 미래의 교훈으로 삼았다. 지금도 주변에서 자기 몸에 맞지 않는 일을 무리하게 꾸려가고 있거나 다니고 싶지도 않은 직장을 불만에 가득 차 다니는 사람들을 볼 때면 과거의 내 모습이 떠오르면서 안타까운 마음부터 든다. 그러나 그들도 나처럼 실패를 통해 값진 교훈을 얻으리라는 사실을 알기에 마음속에서 응원의 박수를 보낸다.

24시간이 모자라

남편을 먼저 떠나보낸 친구가 어느 정도 안정이 되고 나자, 나는 일자리를 구해야 했다. 할 줄 아는 것이라고는 피아노 지도뿐이기에 피아노 학원 강사를 알아보기 시작했다. 하지만 쉽지 않았다. 젊은 선생님을 원하는 학원이 대부분인 데다가 내 나이 정도는 경력이 있기 때문에 학원 측에서 비싼 임금으로 채용하기를 꺼렸다. 이렇게 마냥 시간을 허비할 수가 없어서 이 고민 저 고민 하는 중에 문득 생각나는 게 있었다. 예전에 취득한 요양보호사 자격증이었다. 그렇게 요양원을 알아보는데 이것 또한 쉽지 않았다. 앞에서도 말했듯이 나는 기독교인이라서 일요일 근무를 하지 않는 곳을 찾아야만 했기 때문이다.

그런데 다행히도 한 원장님이 운영하는 곳에서 낮에는 주간보호센터에서, 밤에는 요양원에서 근무할 수 있게 되었다. 단 그렇게 일하다 보니 24시간을 꼬박 일해야 했다. 밤에 잠을 제대로 잘 수가 없으니 수면 부족으로 하루하루 힘겨운 나날을 보냈다. 그래도 그만큼 수입이 들어오니 그 힘으로 어렵게 버틸 수 있었다. 이렇게 버텨 나가면서 4개월가량이 지났을 때, 내게 또 큰 시련이 왔다. 주간보호센터와 요양원 두 군데 모두에서 인원 감축을 하게 된 것이다. 자원이 되어주는 어르신들이 많이 줄어든 이유였다. 일요일에 근무하지 않는 내가 구조조정 1호 대상이 되었다.

구겨진 내 모습을 보며

그곳에서 구조조정을 당한 나는 또 다른 요양원을 구해야 했다. 다행히도 일요일은 근무하지 않는 조건으로 어렵사리 직장을 구할 수 있었다. 교통비를 아끼기 위해서 1시간 10분, 왕복 2시간 20분을 매일 걸어 다녔다. 건강을 위해 의도해서 걷는 것은 운동이겠지만 돈 때문에 걷는 것은 운동이 아니었다. 그야말로 나 자신이 하찮아 보였고 비참해 보이기까지 했다. 하지만 하루하루를 걸으면서 많은 생각을 하게 되었다. 그 덕분에 걷기가 정신 건강에 도움이 된다는 것을 체험했다.

한 2주 정도 근무하고 있을 무렵에 나를 낯 뜨겁게 만든 사건이 생겼다. 이곳의 시스템은 사무직원과 요양보호사가 일부러 찾아가지 않으면 서로 마주 대할 일이 별로 없었다. 점심시간에도 식당이 혼잡한 것을 예방하기 위해 사무직원이 조금 일찍 밥 먹기를 권장했다. 어느 날 나는 어르신들의 식사를 돌봐 드리고

난 후에 식당으로 갔다. 그런데 한 쪽에서 식사하는 직원이 자꾸 나를 쳐다보는 느낌이 들었다. 이상한 기운이 돌아서 눈만 살짝 돌려 봤다. 머리가 순간 복잡해졌다. '누구지? 어디서 많이 본 사람인데, 어디서 봤더라?' 과거의 일을 막 떠올려 보면서 찾기 시작했다.

순간 얼굴이 화끈하게 달아올랐다. 그 직원은 급하게 먹고 나에게 아무 말도 하지 않고 밖으로 나갔다. 그 직원은 내가 어학원을 했을 때의 학부모였다. 순간 나는 내 모습이 꾸깃꾸깃 구겨서 버려진 종이 같다는 생각이 들었고, 세상이 다 나를 쳐다보는 느낌이었다. 그날 나는 어떤 정신으로 근무를 했는지 아무 생각도 나지 않는다. 그 학부모는 나를 어떻게 생각했을까? '어학원 원장을 했던 사람이 왜 요양원에 와서 요양보호사로 일하고 있을까?' 등 의문으로 가득할 것으로 생각하니 스스로가 너무 초라하고 찌그러진 깡통처럼 보였다. 그 날 퇴근해 집으로 걸어가는 내내 눈물이 하염없이 흘렀다.

포기만 하지마

한참을 걸어가면서 나 자신에게 말해주었다. '지금은 터널을 지나가는 과정이야, 터널은 끝이 있잖아. 다시 시작하면 되는 거지 뭘 그래. 살짝 찌그러졌다고 해서 조금 흠이 있다고 해서 인생 전부가 문제가 있는 건 아니잖아, 절대 포기하지 말자. 포기하면 끝이야'라고 나를 다독여 주었다.

사람들이 당신을 비판하든지 말든지 상관하지 말자. 나 자신을 사랑하고 나에게 친절하게 대하자. 실패했다고 해서 낙오자가 되는 건 아니다. 열심히 최선을 다해서 살아온 자신에게 더 잘해주고 관대하게 대해주자. 당신은 그런 대우를 받을 가치가 있는 사람이다.

나는 계속 버티면 기회가 온다고 나 자신을 설득했다. 포기하면 기회조차 오지 않는 게 인생의 법칙이다. 인생은 어찌 보면 크고 작은 실패의 연속이 아닐까. 그 실패를 그냥 실패로 남기고 실패가 무덤덤해지면 제대로 성장하지 못한다. 실패했다는 것은 자신의 능력을 뛰어넘는 일에 도전했음을 의미한다. 그러므로 실패는 아주 값진 것임을 나는 되새기고 또 되새겼다.

실패를 연구하고 분석해야 하는 이유는 실패를 자산으로 삼아 향후 성공을 위한 법칙을 발견하기 위해서다. 실패는 다가올 미래를 내가 어떻게 꾸려가면 좋을지 가늠하게 해준다. 값진 통찰력을 줄 뿐 아니라, 또다시 같은 실수를 반복하지 않도록 유용한 데이터를 제공해준다. 그러니 크고 작은 실패를 거듭하자. 그리고 거기에서 긍정과 통찰의 에너지를 얻어오자. 삶은 길고, 또 계속되니까.

젊은이들의 챌린지에 과감히 끼어들어라

꼰대의 세상에서 살아남는 방법

요즘 어느 조직에서나 토로하는 고민이 있다. 바로 세대 간 조화를 이루어 나가는 데 어려움이 있다는 고민이다. 그런데 이 고민은 비단 지금 시대만의 문제는 아닐 것이다. 따라서 이 고민을 해결하는 첫걸음은 어쩌면, 이 고민 자체를 인정하는 것에서 시작해야 할지도 모른다. 세대 갈등이 심화하는 양상은 예전보다는 지금이 더 강도가 센 것이 사실이다. 사고의 격차로 인해 소통이 어려워 생산성이 떨어지고, 상호 신뢰는 물론 경시 풍조도 나타나는 곳이 많다고 한다. 이른바 '꼰대'와 '젊은이'들 사이의 충돌이 그것이다.

사전적 의미로 꼰대란 '늙은이'를 지칭하거나 학생들이 '선생님'을 은어로 부르는 용어다. 그러나 요즘은 젊은이들이 나이 든 사람을 무시하고 업신여기는 의미로 쓰이고 있다. 젊은이들이 이용하는 커뮤니티에 가면 상사 '꼰대', 선배 '꼰대', 헬스장 '꼰대', 지하철 '꼰대' 등 어딜 가나 꼰대 투성이라는 성토가 끊이지 않는다. 왜일까?

나는 이렇게 된 데에는 기성세대에게 일차적인 책임이 있다고 생각한다. 그 이유는 인생 경험이 있다는 것만으로 '네까짓 게 뭘 안다고'라는 의식이 내재한 경우가 많기 때문이다. 따라서 이 '꼰대의 세상'에서 살아남기 위해서는 마음도 몸도 젊게 살아야 한다. 그렇다면 '꼰대'가 되지 않으려면 어떤 태도와 사고방식을 가져야 할까? 어떤 방법을 선택해서 나아가야 할지 고민하고 나름대로 몇 가지 실행하고 있는 것을 나눠보고자 한다.

✠ 신조어에 관심을 가져라

'어쩔티비', '저쩔티비', '안물안궁' 등은 학생들 사이에서 유행하는 신조어들이다. '어쩔티비'는 '어쩌라고, 안 물어봤으니까 가서 TV나 봐'의 줄인 말이다. '안물안궁'은 '안 물어봤고, 안 궁금해(듣고 싶지 않은 정보 흘리지 마)'의 줄인 말이다. '쿠쿠루삥뽕'은 별다른 뜻이 없는 의성어이다. 이런 신조어는 보통 상대방의 말에 대답하기 싫거나 약 올릴 때 쓰는 속어다.

유행어 사용은 학생들 사이에서 하나의 '놀이 문화'로 자리 잡았다. 친구와의 친밀감, 또래들과의 소속감을 위해 유행어를 사용한다. 유행어 사용을 유치하다고 생각할 수 있지만 세대 간의 격차를 줄이고 소통을 위해서는 그들이 사용하는 물건이라든지 언어를 직접 사용하고 경험해 봐야 그들의 세계를 이해할 수 있다고 본다.

2020년 10월, 잡코리아에서 성인남녀 2천여 명을 대상으로 '언어에 따른 세대 차이'를 주제로 한 설문 조사 결과를 본 적이 있다. 무려 80퍼센트 정도가 '신조어로 인해 세대 차이를 느낀 적이 있다'라고 답했다. 하지만 기성세대 중에는 신조어 사용을 부정적으로 보는 경우도 있다. 사실 나도 얼마 전까지 비슷하게 생각했었지만 세대 간의 갈등이나 소통에 방해가 되는 것보다는 그들의 대화 속에 녹아있는 삶을 읽는 편이 낫겠다는 생각으로 신조어에 관심을 두게 되었다.

마음이 젊다는 것은 젊은 세대들과의 대화에서 단절이 없어야 한다는 의미다. 그들과 대화하려면 그들의 언어를 배우고 쓰는 게 맞다. 그게 젊게 살아가기 위해 찾은 나만의 방법이다. 국립한글박물관에 전시된 1920년대 사전에는 '모뽀'와 '모껄'이라는 말이 등재되어 있다. '모던 보이(Modern Boy)'와 '모던 걸(Modern Girl)'을 줄인 말이다. 이렇듯 신조어는 모든 시대에 존재해왔다. 신조어는 세월이 어느 정도 흐르면 사라지기 때문에 바른 우리말 사용에 생각보다 큰 문제가 되지 않는다. 무엇보다 언어는 당대 사람들의 의식, 문화, 가치관을 담는 그릇이다. 신조어가 시대에 따라 바뀌고 자꾸 새로 생겨나는 이유다.

✜ 나이에 맞는 품격 있는 습관을 가져라

나이 먹을수록 품격을 갖추어야 한다는 이야기가 있다. 젊은 사람이 결례를 범하면 젊어서 그렇다고 여기지만, 나이 들어서 그릇된 행동을 하면 쉽게 받아들여지기 힘들기 때문이다. '도대체 나이를 어디로 먹었어?'라는 말이 괜히 나오는 소리가 아니다. 남들이 나에게 젊고 스마트하다고 인정할 수 있는 품격을 갖추는 습관을 만들어야 한다.

우선 소리에 조심하자. 사람들은 소리에 민감하다. 남들이 보기에도 또 자신이 생각하기에도 나이 먹은 것을 덜 느끼게 하기 위해서는 내지 말아야 할 소리가 있다. 나이 먹을수록 심해지는 잔소리, 하품하면서 내는 소리, 밥 먹고 나서 나오는 트림 소리 등이다. 물론 생리현상이라고 반박하는 사람도 있겠지만 조금만 의식하면 소리를 자제하면서도 충분히 해결할 수 있는 것들이다. 또 '아이고, 아이고' 아프다고 신음하는 소리, 앉았다 일어나면서 '끙' 하는 소리는 자신에게도 별 도움이 되지 않고 오히려 정신 건강에 불필요한 소리라고 생각된다. 의식하면서 주변을 잘 살펴보면 이런 소리는 거의 나이가 많은 사람들이 내고 있다는 것을 알 수 있다. 이런 소리를 내면 남들에게 "나 이렇게 늙었어요"라고 말하는 품격을 낮추는 행동으로 보일 수 있다.

전에 젊은 청년과의 대화 중에 이런 일이 있었다. "직원들하고 같이 식사를 하고 난 뒤에 기분을 망칠 때가 종종 있어요. 식사 후 대화하다가 이상한 소리가 나서 보면 이를 쑤시면서 소리를 내는 사람이 있는데, 왜 그런 행동을 하는지 이해가 안 가요. 그런 소리를 내는 사람은 거의 다 나이 든 사람이에요."

이런 행동들이 왜 나오는 걸까? 간혹 보면 어린아이들도 이런 행동을 하는 경우를 볼 때가 있는데, 그건 어른들의 모습을 보고 그냥 따라 하는 것이리라고 생각한다. 나이 먹으면 누구나 다 내는 소리라고 할 수도 있겠지만 의미 없는 습관에서 나오는 행동이다. 습관은 바꿀 수 있다. 남을 의식해서가 아니라 나이 먹은 소리를 내지 않으면 다른 사람들이 나를 볼 때 나이가 덜 들었다고 볼 것이고, 자신 스스로가 나이 들었다는 것을 덜 느끼게 된다. 그러면 자신감도 생기면서 매사에 도전의식도 강해지는 연결고리가 되어 멘탈이 강해지는 중요한 요소가 될 수 있다.

요양원에서 근무할 때 동료 직원이 한 말이 생각난다. "우리 친정엄마한테 안부 묻는 전화를 하면 맨날 아프다고 앓는 소리만 내서 요즘은 전화도 잘 안 하게 돼요"라고 고민을 털어놓았다.

나는 지금 이 얘기를 다시 상기하면서 내 입장이 되어 생각해 보았다. '무의식중에 내는 나이 먹은 소리가 남에게는 불편하게 들릴 수도 있겠구나'라고 정리했다. 나는 나이 먹은 소리를 내지 않기 위해 먹는 것과 운동에 비중을 크게 두고 꾸준하게 건강을 지키는데 많은 노력을 하고 있다. 앞서 말한 소리들은 남에게 부담과 불편을 줄 수도 있는 품격이 낮아지는 행동이 아닐까 생각해 볼 문제이다.

✠ 나 몰라라 할 수 없는 디지털 시대, 계속 배워라

젊은이들이 많이 모여있는 곳들이 있다. 바로 디지털 공간이다. 이들은 태어날 때부터 디지털 시대였거나 일찍이 디지털을 접한 세대이기에 무엇이든 디지털 방식을 우선으로 사용하고 그 안에서 일상을 산다. 컴퓨터가 출시된 초창기에는 단순히 검색 기능을 주로 사용하는 반면 요즘은 구글, 페이스북, 네이버, 유튜브 등 여러 플랫폼이 있어서 많은 사람과 소통할 수 있고 다양한 정보를 얻을 수 있다. 이를 통해 상품도 유통할 수 있어 경제활동도 활성화되었다.

과거 1980년대 386세대들은 깃발을 들고 세상을 뒤흔들었다면, 현재 20대들은 손쉽게 태그 하나만으로도 세상을 뒤흔들고 있다. 책과 신문, TV를 잘 안 보는 20대, 그들의 놀이 공간과 일상이 되는 공간은 인터넷이다. 인터넷을 통해 서로 소통하고 대화한다. 블로그에는 개인 일기부터 칼럼과 전문기사에 이르기까지 다양한 글과 사진 영상들이 올라온다. 블로그는 생산자와 소비자의 벽을 무너뜨린 대표적인 사례다. 누구나 기자나 작가가 될 수 있고 독자가 될 수 있다. 자유롭게 글을 올리고 댓글을 달면서 관계를 이어갈 수 있다.

인스타그램은 '세상의 순간적인 포착을 공유한다'라는 슬로건을 내걸고 출시된 SNS 애플리케이션이다. 세상 모든 일을 순간적으로 찍고 기록하고 올리면서 모든 사람에게 알리는 목적으로 사용된다. 몇 해 전부터는 동영상 기능이 추가되어 전 세계적으로 엄청난 사용자 수를 보유하면서 그 자체가 또 하나의 문화가 되었다. 요즘은 인스타그램을 마케팅 용도로도 많이 활용한다.

유튜브는 우리가 가장 쉽게 접근할 수 있는 세계 최대 규모의 비디오 플랫폼이다. 사용자가 직접 콘텐츠를 만들어서 동영상을 자유롭게 올리거나, 마음에 드는 동영상과 음악을 감상하고 강의도 선택해서 들을 수 있다. 실시간 스트리밍을 사용하면 동영상 피드와 채팅을 통해 시청자와 실시간으로 소통할 수 있다. 그래서 나는 인스타그램, 블로그, 유튜브에 내 생각과 일상을 글과 사진, 영상으로 올려 그들과 소통하고 있다. 나는 '꼰대'라는 소리를 듣고 싶지 않다. 언제까지라도 젊게 살고 싶다.

5년 후의 내 모습을 눈으로 보게 하라

나의 뇌를 깨우는 시간

나에게 있어서 새벽 5시 30분은 잠을 깨우는 시간이 아니고 뇌를 깨우는 시간이다. 이 새벽 독서 시간으로 인해서 뇌가 말랑말랑해진다. 그동안 우리는 학교의 정규교육을 통해 금융에 대한 교육을 받지 못했다. 그뿐 아니다. 우리 세대만 해도 돈에 대해서는 부정적인 시각을 갖는 게 미덕인 줄 알며 살았다. 그에 따라 자녀들이 일찍부터 돈과 경제에 관해 관심을 두는 태도는 바람직하지 못하다고 여기는 경향이 있었다. 그저 공부만 잘하는 것이 중요하다고 믿었다.

그러나 지금은 세상이 달라졌다. 자녀들에게 금융 교육을 가르친다는 부자들의 방식이 2세들을 경제적으로 더욱 여유롭고 풍요롭게 만드는 근간이 되고 있다. 자녀들에게 금융 공부를 시키는 것으로 제일가는 민족은 아마 유대인일 것이다. 전 세계를 주름잡는 경제학자 중 많은 사람이 유대인이며 금융권에서 세계 100대 기업 소유주의 40퍼센트도 유대인, 노벨경제학상 수상자의 65퍼센트도 바로 유대인이라고 한다.

세계적인 백만장자의 20퍼센트가 유대인이라는 것을 보고 우수한 민족이라고 인정을 안 할 수가 없다. 전 세계 인구의 0.2퍼센트에 지나지 않는 소수의 유대인, 그들의 세계 금융을 움직여 나가는 힘은 어디서 나오는 것일까?

유대인의 금융 습관을 모방하기로

나는 이 답을 교육에서 찾고 싶다. 과거에 우리는 돈이라는 것은 '애써서 알 필요 없는 것', '자연히 알게 되는 것' 일찍부터 아는 것은 '속물' 등으로 치부해왔다. 그러나 유대인들의 금융, 경제교육 방식은 우리와는 완전히 달랐다.

그들은 자녀가 기어 다니기 시작할 때부터 저금통에 동전 넣는 습관으로 경제교육이 시작된다. 적은 돈부터 소중히 모으는 습관을 갖게 한다. 또한 성년이 되기 전에 주는 용돈을 대가 없이 주지 않는다. 청소하거나 심부름을 하거나 등 어떤 일에 보상으로 용돈을 준다. 세상에는 공짜가 없다는 것을 어릴 때부터 가르친다.

초등학생 정도의 나이가 되면 행사장이나 각종 모임에서 쿠키나 책 등 다양한 상품을 팔아서 용돈 벌이 체험을 하게 해 일의 가치와 장사의 개념도 교육한다. 유대인은 보통 열세 살 때 성인식을 치른다. 성인식 날 축하금을 보통 5~6만 달러(한화 약 5~7천만 원)를 받는데, 이 목돈은 부모가 갖지 않고 자녀가 부모와 협의해서 투자한다고 한다. 이 돈이 경제적 독립의 종잣돈이 되는 셈이다.

유대인의 자녀 교육 방식을 보고 나는 부모에게 받는 용돈을 당연시하는 우리 아이들의 미래가 은근 걱정되었다. 부를 이어 나가기 위해서는 절약하거나 저축하는 방법이 첫걸음일 것이다. 우리 아이들이 유대인들처럼 경제, 금융에 밝은 아이로 성장해 나갈 때 우리나라의 미래도 더 밝지 않을까 생각한다. 잘못된 방법으로는 문제를 해결하지 못한다.

요즘 내가 하는 결심은 내가 알고 있는 세상만 볼 게 아니라 내가 모르고 있는 세상이 엄청나게 많다는 것을 인식하고 관심을 넓히는 것이다. 이를 위해 새벽 5시 30분에 나의 뇌를 깨우고, 날마다 넓은 세상을 만나고자 한다.

오늘, 지금 이 순간이 남은 내 인생에서 가장 젊은 날이다. 하루라도 젊은 이때를 놓치지 말고 경제 금융에 대한 지식을 이해하고 습득해 부자들의 습관을 따라 해보고 싶다. 그래서 나는 오늘도, 부자가 되는 학교에 입문한다.

습관을 추적하기 위한 기록

마하트마 간디(Mahatma Gandhi)는 생각과 말, 행동, 습관이 자신의 가치와 운명을 만들어나간다며 이같이 말했다.

"네 믿음은 네 생각이 된다. 네 생각은 네 말이 된다. 네 말은 네 행동이 된다. 네 행동은 네 습관이 된다. 네 습관은 네 가치가 된다. 네 가치는 네 운명이 된다."

그리고 '흐름을 끊지 마라'라는 매우 강력한 주문이 있다. 미국 최고의 자기계발 전문가 제임스 클리어(James Clear)의 저서 《아주 작은 습관의 힘》(이한이 역, 비즈니스북스, 2019)에 나오는 말이다.

클리어는 "영업 전화를 돌리는 흐름을 끊지 마라. 그래야 성공적인 비즈니스 장부를 만들어낼 수 있다. 운동 흐름을 끊지 마라. 그래야 기대한 것보다 빠르게 몸을 만들 수 있다. 매일 창작의 흐름을 끊지 마라. 그래야 인상적인 포트폴리오를 만들어낼 수 있다"라고 주장한다. 흐름이 끊기지 않는다는 의미는 곧 습관이 된다는 의미고, 습관이 쌓이면 강력한 힘을 발휘한다는 의미다.

'현재의 나의 모습은 5년 전에 선택했던 내 모습으로 만들어졌다'라는 말을 들은 적이 있다. '지금 내가 선택하지 않으면 앞으로 5년 후에도 지금의 내 모습은 결코 나아지지 않겠구나'라는 생각에 무섭고 두려움이 몰려오는 것을 느꼈다. 그래서 나는 흐름을 끊지 않고 계속 해나갈 수 있는 습관의 힘을 추적하기 위해 기록을 하기 시작했다.

머리로만 상상하는 것보다 구체적으로 눈으로 보이는 것이 무언가를 실현하는 힘을 지닌다고 많은 성공가가 말하지 않았던가. 기록하는 습관이 나의 성공을 가져다줄 것이라고 나는 확신한다.

생각하면 가슴이 뛰는 꿈을 가져라

나는 50대 중반까지 살면서 평생 통통한 몸매, 상황이 좀 더 나빠지면 뚱뚱하기까지 한 몸매로 살아왔다. 50대 후반에 딸의 권유로 몸의 독소를 제거해준다는 '클린 프로그램'을 실천하면서 평생 처음으로 날씬하다는 소리를 듣고 자신감이 생기면서 꿈도 가지게 되었다.

나는 사실 어릴 때부터 주변 환경을 먼저 살피고 눈치 보며 스스로 알아서 움츠리는 성향으로, 꿈 없이 그냥 흐르는 대로 나를 맡기며 살아온 것 같다. 이제야 깨달았다. 어떤 환경인가를 먼저 보는 사람은 꿈을 갖기가 어렵고, 꿈이 없으면 원하는 것을 가질 수 있는 확률도 거의 없다는 것을.

문제는 '나에게 과연 꿈이라는 것이 있느냐' 하는 것이다. '내가 나이가 몇 살인데 이제서야 그런 꿈을 가져', '난 너무 가진 게 없고, 빽도 없어서', '나라가, 경제가 이렇게 어려운데 무슨 꿈이 이뤄지겠어' 이런 주변 환경을 먼저 떠올린다면 꿈을 꾸기가 어려울 뿐만 아니라 애초에 꿈이 없으면 꿈을 이룰 수조차 없다.

가장 먼저 해야 할 일은 꿈을 갖는 것이다. 무언가를 떠올리고 생각하면 가슴이 뛰는 것, 그것이 꿈이다. 당신은 그런 꿈이 있나?

꿈을 이루기 위한 전략

꿈을 찾았다면 그다음은 전략을 세워야 한다. 전략이 있어야 꿈을 이룰 수 있다. 전략 없이 그냥 열심히만 한다고 성공을 보장받을 수 없다.

나는 꿈을 이루기 위해 모치즈키 도시타카(Toshitaka Mochizuki)가 《보물지도》(은영미 역, 나라원, 2017)에서 말한 '소중한 꿈을 이루는 3단계의 전략'을 세워 실행하는 중이다. 그 내용은 다음과 같다.

1단계: 가슴 뛰는 나만의 꿈을 정한다.

2단계: 시각화할 수 있는 사진이나 다이어리에 기록해 나에게 자꾸 상기시킨다.

3단계: 그 꿈을 이루는 방법을 계속 찾아 고민하고 실천한다.

예를 들어 관절이 안 좋아서 걷는 것이 어렵고 아프다면 체중 조절이 시급하다. 체중을 감량하면 자유롭게 가고 싶은 곳을 여행할 수 있다고 생각하면서 가슴 뛸 만한 다이어트라는 꿈을 가질 수 있지 않을까. 이를 3단계 전략에 맞춰보면 이렇다.

1단계, 10킬로그램 체중 감량의 꿈을 정한다. 2단계, 체중 감량에 성공했다면 예뻐질 테니 이때 입고 싶은 옷이나 예쁜 몸매를 가진 인물의 사진, 이미지를 자주 볼 수 있게 캡처해서 저장해두거나 프린트해서 보관하는 '드림 보드'를 만든다. 이후 그것을 계속 바라보며 내 머릿속에 각인시켜 무의식의 힘을 빌려 현실화시키도록 노력한다. 마지막 3단계, 구체적인 방법을 찾아 실천하는 것이다.

그런데 3단계에서 실패하는 경우가 참 많다. 다이어트에 도움이 되는 식단을 짜서 식사를 조절하고 운동을 꾸준히 해야 꿈을 이룰 수 있을 것이기 때문이다. 누구든지 근사하게 계획을 세울 수는 있지만 실천하기는 어렵다. 앞에서 말했듯이 성공으로 가는 길은 단순하다. 생각, 말, 행동, 습관을 정해 꾸준히 밀고 나가는 것이다. 간디의 말대로, 이것이 자신의 가치와 운명을 만드는 법이니까.

내가 꿈꾸고 있는 5년 후의 나의 모습

5년 후 나의 모습이 지금과 똑같은 모습이기를 바라는 사람은 아마 없을 것이다. 그렇기에 스스로 하루빨리 선택의 갈림길에 서 있다는 것을 자각하고 시각화해볼 필요가 있다.

내가 꿈꾸는 최근 목표는 보디 프로필을 찍는 것이다. 인생에서 가장 예쁜 몸을 남기고 싶은 마음, 자존감과 성취감을 느껴보고 싶은 마음이다. 그리고 60대에 도전하는 멋진 라이프 스타일을 살고 싶다. 그래서 남의 시선에 맞추는 방식이 아닌, 내 몸에 맞는 수준의 보디 프로필에 도전할 작정이다.

또한 이 도전은 나를 통제하는 힘을 기르는 능력을 키우기 위함이다. 나 자신을 잘 관리하는 사람은 말만 하는 사람이 아니라 몸으로 실천하고 보여주는 사람이 아닐까. 그래야 남들의 신뢰도 얻을 것이다. 그리고 이렇게 했을 때 내가 계획하고 있는 비즈니스도 성공적으로 이어질 것이라 믿는다.

두 번째 꿈은 나만의 공간이 있는 서재 겸 스튜디오로 꾸민 집을 갖는 것이다. 앞서 말했듯이 나만의 고독한 시간을 가짐으로 깊은 사고도 할 수 있고, 내 시간을 즐길 수 있는 유형의 장소는 중요하다. 조용한 분위기에서 책을 읽고, 유튜브 영상을 제작하고, 줌으로 미팅을 하는 등 할 일이 참 많다.

세 번째 목표이자 꿈은 한 달에 적어도 2권 이상 책을 읽고 온·오프라인에서의 더 많은 실전 경험을 통해 얻은 것을 공유하는 강사가 되는 것이다. 그래서 5060 세대들에게 건강 지식 정보와 나의 일상을 통해 세컨드 라이프를 새롭게 열어가는 데 도움을 주고 소통하고 싶다.

네 번째는 청소년들에게 꿈을 갖게 하는 데 기여하고 싶다. 다음 세대의 미래가 없으면 나라는 존재하지 않는다. 청소년기는 다양한 조건과 상황 속에서 새로운 자아에 이르는 과정이며, 이러한 과정을 통해 미래를 준비하는 단계이기에 이들의 꿈을 키울 수 있도록 돕고 싶다. 나는 지금도 청소년들을 보면 가슴이 뛴다. 경제적으로 형편이 어려워 꿈을 펼칠 기회마저 잃고 있는 청소년들의 꿈을 격려해 주고 지지해 주는 일을 할 계획이다.

눈으로 직접 보는 나의 꿈

꿈의 시각화는 생각보다 힘이 크다고 한다. 자신이 이루고 싶은 것을 시각화해서 항상 바라보는 습관을 들이는 게 중요하다. 이때 무엇보다 중요한 건 그 안에 '자기 자신'이 들어있어야 한다는 점이다. 이미 이룬 것처럼 생각하고 말을 하는 것이 큰 도움이 되었다는 성공 사례를 들었다. 꿈의 시각화를 하지 않고 막연하게 마음속으로 바라는 것보다는 시각화할 경우 이루어질 가능성이 훨씬 크다는 것이다.

간절하면 이루어진다는 말이 있다. 5년 후 자신의 모습을 머릿속에 시시때때로 그려보면서, 그 꿈을 시각화하는 습관을 들이자. 그리고 그 꿈을 이룰 수 있는 실천 전략을 짜고 그 꿈을 이룰 수 있는 확률이 높은 길을 선택해서 차근차근 가보자. 그러면 누구나 5년 뒤에는 지금의 나와는 확연히 달라진 나를 만날 수 있게 될 것이다. 그리고 그 끝은 내일의 길을 찬란하고 밝게 열어주게 될 것이다. 우리 모두 제2의 인생을 나답게 그리고 멋있게 시작하자.

북큐레이션 • 원하는 곳에서 자신의 가치를 높이고, 가슴 뛰는 삶을 살고 싶은 이들을 위한 책

《기빙》과 함께 읽으면 좋은 책, 진정한 행복을 만나고 싶은 당신을 언제나 응원합니다.

돈 없고 백 없으니 겁날 것도 없다

전윤경 지음 | 17,000원

희망 없이 꿈 없이 죽은 듯이 살아가는 이들을 위한 생존법

이 세상을 살고 있는 많은 사람들은 저마다의 인생을 펼쳐가고 있다. 이왕 세상에 태어난 거 재미있고 행복하게 살면 정말 좋겠지만, 살다 보면 누구나 확실하게 느끼는 것이 있다. '인생 내 맘대로 되지 않구나.' 세상에는 참 불합리한 상황도 많고, 내 힘으로 바꿀 수 없는 상황도 있다. 그럴 때 이 책이 당신에게 위로와 용기를 줄 수 있다. 가난을 인생의 유일한 스펙으로, 겁 없이 마음이 끌리는 대로 뜨겁게 삶을 살아온 저자의 인생 스토리는, 희망 없이 꿈 없이 죽은 듯이 살아가는 청춘과 장년들에게 힘든 인생에서 어떻게 생존할지에 대해 알려준다.

행복한 사람은 이렇게 삽니다

김나미 지음 | 14,000원

감정의 소용돌이에서 벗어나 단단한 사람이 되는 긍정의 기술

마음이 아픈 사람들이 점점 많아지고 있는 요즘이다. 이 책은 삶에 긍정적인 요인을 채우는 마음 안경인 '플러스 라이프로 살아가는 훈련법'을 소개한다. '긍정적인 나'를 위한 훈련들은 내 안에 꼭꼭 숨겨져 있던 긍정성을 발견하게 돕는다. '존중하는 너'가 되기 위한 훈련은 주변 사람들과 좋은 관계를 유지하는 방법을 알려준다. '함께하는 우리'가 되기 위한 훈련은 확대된 세상과 연결되어 의미 있는 삶을 살아가도록 한다. 또한 활동지를 함께 수록해 실제 삶에 적용해 볼 수 있도록 돕는다.

오늘 밤은 맘 편히 자고 싶어

이원선 지음 | 14,500원

행복을 '찾기 위해서'가 아닌
행복을 '보는 눈'을 갖기 위한 심리

뭔가를 이루면 정말 행복할 것 같아 아등바등하며 살아가지만 그것을 이루고 나면 공허하다. '내 본능을 절제하고 앞에 보이는 저 목표를 달성하면 행복할 거야' 라는 생각은 이제 내려놓자. 우리의 뇌 자체가 애초에 욕망이 먼저 작용하도록 태어났으며 우리의 이성은 욕망을 돕는 역할일 뿐이기 때문이다. 지금 인생에서 최악의 상황과 아픔, 충격들을 겪고 있는가? 그런 당신을 축복한다. 분명 그것은 새로운 시작점이 될 수 있다. 이 책에는 그런 이야기들이 담겨 있다. 이 책이 당신의 마음속에 숨겨있던 진정한 행복을 찾아줄 것이다.

일시정지는 처음이라

정보람 지음 | 13,800원

몸과 마음의 활력을 잃은 이들에게 전하는
셀프 힐링을 위한 지침서!

코로나19로 일상의 흐름이 흐트러진 지 오래다. 하루하루가 불확실성으로 채색된 일상에서 개인들은 저마다 사회적인 거리 두기와 경제적인 고충으로 고난의 긴 터널을 지나가고 있다. 우울함과 불안감이 높아지는 지금 삶의 에너지를 회복하고 마음의 안정을 취할 수 있는 방법은 없을까? 이 책은 각자가 타고난 마음의 속도를 찾아 현재의 상황을 있는 그대로 받아들이고 자기 속도대로 재충전하는 방법을 알려준다. 무엇보다 일시정지된 시간을 불안함으로 채우기보다 재충전과 자신을 돌아보는 시간으로 채우는 데 집중한다.